EL DINERO
EN TU VIDA

EL DINERO EN TU VIDA

100 CONSEJOS PARA LOGRAR BIENESTAR FINANCIERO

RAMIRO J. ATRISTAÍN-CARRIÓN

Puede hacer pedidos de libros de Archway Publishing en librerías o poniéndose en contacto con:

Archway Publishing
1663 Liberty Drive
Bloomington, IN 47403
www.archwaypublishing.com
844-669-3957

ISBN: 978-1-6657-3975-7 (tapa blanda)
ISBN: 978-1-6657-3976-4 (libro electrónico)

Número de Control de la Biblioteca del Congreso: 2023904336

Información sobre impresión disponible en la última página.

Fecha de revisión de Archway Publishing: 4/6/2023

"EL PROBLEMA NÚMERO UNO DE ESTA GENERACIÓN Y LA ECONOMÍA ACTUAL ES LA FALTA DE EDUCACIÓN FINANCIERA."

—ALAN GREENSPAN

ÍNDICE

DEDICATORIA

Comencé este libro pensando en mis alumnos y a lo largo del camino terminó siendo para todos los hispanos[1] en los Estados Unidos que quieren lograr un bienestar financiero.

Gracias por la inspiración, esto es para ti.

---

[1] Según la Oficina del Censo de los Estados Unidos (*U.S. Census Bureau*), la población hispana a partir del 1 de julio de 2017 era de 58,9 millones, lo que hace que sean la minoría étnica más grande del país. Los hispanos constituían el 18,1% de la población total de la nación. https://www.census.gov/newsroom/facts-for-features/2018/hispanic-heritage-month.html
El reporte *Demographic Turning Points for the United States: Population Projections for 2020 to 2060* publicado por la Oficina del Censo en 2017 proyecta que el segmento hispano crecerá un 200% para 2060 (en las próximas cuatro décadas) y por lo contrario, prevé que la población blanca no hispana disminuya entre 2016 y 2060 por 19 millones de personas, de 198 millones a 179 millones, incluso a medida que crece la población total de los Estados Unidos.

AGRADECIMIENTO ESPECIAL

A mis abuelos, porque fueron los primeros en mostrarme cómo vivir moderadamente.

A mi hijo, por ser uno de los motores que le da sentido a mi vida, quién sin pedirlo, me incentivó a trabajar en mi independencia financiera.

A todas las personas que han pasado por mis talleres y seminarios. Ellas me inspiraron con su curiosidad e interés y sobre todo, me permitieron descubrir mi voz y expresar estas ideas prácticas.

A los profesores y financistas colegas de los que he aprendido tanto durante estos años.

Por último, al equipo de *IEB International* por motivarme a que publique este libro.

PRÓLOGO

He conocido al Lic. Ramiro J. Atristaín-Carrión por varios años como un excelente profesional, colega y amigo. Es un placer presentar *El dinero en tu vida, donde Ramiro introduce a lectores de una manera sencilla a 100 consejos para lograr bienestar financiero.* Este libro es una herramienta fundamental para que los hispanos aseguren su estabilidad financiera y un futuro.

Este libro introduce el lector al tema de las finanzas personales. Ramiro no solo explica los conceptos claves y complejos de las finanzas personales con sencillez, sino que también provee su perspectiva, la cual ha sido desarrollada durante muchos años por su gestión como banquero, profesor y asesor financiero. Ramiro informa al lector sobre la importancia de cada tema con una explicación asequible para cualquier persona que no necesariamente tenga estudios académicos en finanzas.

Esta obra es útil para todos los hispanos sin importar su edad, procedencia o nivel socio económico. Todos podemos beneficiarnos de su contenido y quizás sea un libro que todos podamos leer y discutir en familia. Los hispanos trabajamos muy duro para salir adelante. Gran parte de nuestro éxito radicará en la habilidad que tengamos para manejar nuestras finanzas personales y familiares con sabiduría. La lectura y aplicación de los conocimientos ofrecidos en este libro constituyen un muy buen primer paso para lograrlo.

Confío que este libro pasará a ser un recurso útil en las bibliotecas de muchas familias latinas en los Estados Unidos y un buen material de referencia para los asesores financieros que quieran servir a la comunidad hispana. No es común o típico encontrar información tan valiosa para nuestra comunidad en español en los Estados Unidos.

Si los lectores estudian los cien consejos ofrecidos por Ramiro y los ponen en práctica, no queda la menor duda que podrán mejorar su condición financiera y la de sus familias.

Les deseo lo mejor.

Roberto Curci, PhD
Decano, Facultad de Negocios Brennan
Dominican University

INTRODUCCIÓN

En los Estados Unidos los hispanos, en general, tendemos a tener una mala relación con el dinero y creo que esto se debe a varias causas.

Una es el tabú social que gira en torno al dinero. Nos resulta incómodo todo lo relacionado con él, aunque existen maneras prácticas que podríamos aprender fácilmente para mejorar su administración.

Otra razón es que no tenemos educación financiera porque crecimos en un sistema no estructurado a apoyar su enseñanza, tanto en los Estados Unidos como en Latinoamérica.

Luego hay una razón más bien psicológica e íntima que la mayoría de nosotros no se anima a admitir: tenemos la idea incorporada de que no sabemos manejar bien nuestro dinero, cuestión que nos produce mucha vergüenza, lo que evita que pidamos la ayuda necesaria.

Por último, como no se considera un tema prioritario en la formación personal, el mal manejo del dinero es algo corriente y generalizado.

El tema de las finanzas personales me ha interesado por mucho tiempo. Mis conocimientos y conjeturas con respecto a este problema se fundamentan en la observación de datos económicos, en el análisis de los resultados de una investigación que conduje y en la experiencia en carne propia tras ver a mis seres queridos y personas de mi comunidad sufrir por este asunto.

Aprendí a prueba y error primero y con educación después a dar soluciones efectivas a mi economía y a la de mis allegados. A partir de ahí empecé a aplicar principios financieros en mi día a día y esto cambió mi vida.

Pero, ¿por qué las personas se comportan como lo hacen con respecto a su dinero? ¿Qué genera este comportamiento?

Los datos económicos muestran que los hispanos en los Estados Unidos están por debajo de la media en casi todas las estadísticas de manejo financiero personal. Aproximadamente una cuarta parte de la población que trabaja no tiene ahorros de jubilación en lo absoluto, incluyendo el 13% de los trabajadores mayores de 60 años. Solo el 4,2% de los hispanos posee acciones (sin incluir los fondos mutuos) aparte de un fondo de jubilación mientras que para el promedio de la población la cifra es del 17%. Solo el 45% son propietarios de viviendas en comparación con el 73% de los residentes estadounidenses. Entre los mayores de 60[2] años, solo el 75% es dueño de una casa en comparación con el 85% de la población blanca[3]. Los hispanos únicamente alcanzamos a tener el 12,5% del patrimonio neto que la sociedad blanca tiene. Visto de otra forma, los blancos tienen ocho veces más de patrimonio neto que tienen los hispanos.

Efectivamente, la realidad económica de los latinos es desfavorable. Nuestra comunidad no posee los conocimientos para adquirir activos y menos para construir un patrimonio.

---

[2] "Sí Se Puede: *Building Retirement Security for Latinos and the US*", *The Aspen Institute*, October, 2017.

[3] Valga la aclaración que uso el término población "blanca", para referirme a estadounidenses de ascendencia anglosajona tal y como las estadísticas demográficas que maneja el gobierno federal.

Los resultados de una encuesta aplicada a una muestra de este segmento de la población revelaron ciertos patrones similares de comportamiento entre hispanos en los Estados Unidos y en México, pero con algunas diferencias fundamentales en los primeros.

En una encuesta que apliqué a 436 individuos de distintas edades y niveles educativos (190 en México y 246 en los Estados Unidos) en 2018, junto con la información recolectada de cinco grupos focales de ambos países, se revelaron datos muy interesantes. En la encuesta se investigaron los siguientes aspectos: los patrones de aprendizaje sobre finanzas personales, el interés de las personas en mejorar su seguridad financiera, el apoyo que las entidades financieras ofrecen a sus clientes y el uso de recursos de educación financiera. En el marco de este estudio, esta muestra denota un patrón de comportamiento similar en ambos países.

Todo esto me deja claro que hay mucho por hacer para cambiar nuestra realidad financiera. Al paso que vamos, no estamos logrando una relación saludable con el dinero; de hecho, probablemente sea una relación más bien tóxica.

Entonces, ¿cuáles son los puntos clave que le convienen a una persona a tener en cuenta cuando hablamos de finanzas personales?

Este ha sido un tema que he venido trabajando desde hace unos años. Fue en ese entonces que comencé a apuntar en un cuaderno conceptos que considero esenciales para el manejo financiero personal y de ahí nace esta propuesta con consejos claves y prácticos de aplicación inmediata. Los resultados de aplicar ciertos principios financieros en el manejo de mi dinero me han demostrado que es posible controlar tu capital y hacer que este trabaje para ti, es decir, poder vivir bajo tus propios términos sin dependencias económicas.

De acuerdo con lo que los datos estadísticos muestran, los latinos en los Estados Unidos realmente necesitamos asesoramiento financiero. Nos urge, pero no lo buscamos por su costo, porque no sabemos en quién confiar o porque lo haremos más adelante. Ha llegado el momento de terminar con las excusas. Por eso es que te ofrezco este libro como guía de consejos.

Todo dependerá de la prioridad que le des a las finanzas en tu vida.

A mi modo de ver, el conocimiento financiero básico es fundamental y los siguientes temas son claves para lograr el bienestar financiero:

1. Tu relación con el dinero.
2. Pagarte primero a ti mismo.
3. Entender el interés compuesto.
4. Automatizar todo lo relacionado al dinero.
5. Administrar bien tus gastos y tener una reserva de emergencia.
6. Manejar y eliminar tu(s) deuda(s).
7. Invertir, ¿sino para qué trabajas?
8. Entender y manejar tu crédito.
9. Aportar a la educación de los más pequeños.
10. Tener una visión de largo plazo con un plan de acción.

El libro está organizado en base a estos diez temas clave y se puede leer fácilmente ya sea de principio a fin, por temas específicos que te interesen o hasta escogiendo consejos de guía que tengan prioridad para ti.

La idea básica es que tengas a tu disposición consejos que puedan guiarte y que sirvan de herramientas para aplicarlos en tu vida diaria. Al ponerlos en acción verás que tu realidad financiera comenzará a mejorar y que si aplicas la mayoría de ellos habrá grandes beneficios al futuro. ¿No es verdad que te gustaría acostarte cada noche sabiendo que tus hijos o hijas no solo tienen alimento y un techo seguro, sino también una mejor perspectiva de futuro financiera? Solo cambiando algunas prácticas fundamentales podrá ser posible. ¡Sé que puedes!

Si bien el dinero y las finanzas no son una prioridad en la vida de un ser humano, estoy convencido de que si tomas en cuenta lo que te propongo en este libro, irás creando buenos hábitos financieros y podrás lograr una relación sana con el dinero.

Ahora, yo te pregunto, ¿acaso no deseas esto? La estabilidad, el bienestar e independencia financiera te darán paz mental, alivio y libertad y seamos sinceros, ¿quién no quiere esa libertad?

Una de mis más grandes motivaciones y aspiraciones fue plasmar en un libro, de forma sencilla y pragmática, experiencias, sugerencias y consejos que vengo poniendo en práctica en mi vida para que muchas personas obtengan tranquilidad financiera y yo cumpla con esta misión de vida de ayudar a mi comunidad.

Cabe mencionar que nuestra población hispana/latina en los Estados Unidos, en su mayoría, pasa desapercibida por las compañías de servicios financieros, las cuales no utilizan sus recursos para educar e informar como lo hace con el resto de la población en general y sobre todo, como lo hacen con las clases más adineradas. Quizás por la barrera del idioma, por la falta de comprensión de algunos aspectos culturales o simplemente porque no nos creen o no nos ven como prioridad. ¿Raro, no? No les debo contar yo las adversidades que pasamos los latinos en este país y lo que aportamos a la economía estadounidense; seguro ya lo vivieron en carne propia.

En el año 2060, según la Oficina del Censo llegaremos a ser 119 millones de hispanos[4] en los Estados Unidos, el doble de población de lo que somos hoy (62,5 millones en 2021, según cifras de la Oficina del Censo). Esa cifra de población representa una gran oportunidad de mercado para todos los tipos de instituciones financieras, incluyendo bancos, aseguradoras, corredores de bolsa, gestores de inversiones, establecimientos de crédito y financiamiento y toda una infinidad de servicios.

Desde mi realidad, me ilusiona aconsejar a los jóvenes porque su futuro es también el futuro de nuestra comunidad y de ellos depende que nuestras circunstancias en este país mejoren. Sin embargo, esto es difícil: los jóvenes de hoy no tienen instrucción formal sobre finanzas personales en sus estudios durante la secundaria ni a nivel universitario.

Muchos estudiantes universitarios se gradúan con mal crédito y mucha deuda acumulada, cometiendo errores financieros que complican más su presente económico y prefiguran un futuro de deudas. Esto lo veo muy seguido en el ámbito académico y mi esperanza es hacerles ver que no es necesario condenar su futuro. Nuestros jóvenes pueden formarse profesionalmente sin tener que comprometer, durante años interminables, su economía ni la de sus familias.

También, desde mi experiencia, me ilusiona aconsejar y guiar a personas de la tercera edad para que puedan obtener una jubilación estable que les provea tranquilidad y así evitar el desasosiego de tener que preocuparse por cómo sobrevivir cuando ya no puedan trabajar

---

[4] La Oficina del Censo de los Estados Unidos (*U.S. Census Bureau*) proyecta que la población hispana alcance unos 119 millones en 2060, aproximadamente el doble de lo que es hoy. https://www.census.gov/content/dam/Census/library/publications/2015/demo/p25-1143.pdf

o no tengan cómo cubrir sus gastos medicinales cuando su salud vaya deteriorándose.

Comúnmente, nuestros ancianos se formaron en épocas carentes de tecnología y tienden a ser más cautelosos en el manejo de sus finanzas. Pero en los Estados Unidos muchos se han mal informado o no han entendido cómo funcionan muchas cuestiones financieras, quizás por la barrera del idioma o por falta de educación superior. Sobre todo, existe una herramienta muy importante que está ausente en esta generación: la confianza en las instituciones financieras. ¿Vieron a alguien más desconfiado con su dinero que un abuelo? Esto es algo que veo seguido como asesor financiero y me gustaría que cambiara.

Por último, me ilusiona aconsejar a personas que están en sus edades más productivas ya que si adoptan buenos hábitos financieros, les irá mejor en su futuro. Asimismo, incitarlos a establecer ciertas tradiciones financieras beneficiosas en sus familias y en la educación de sus hijos o hijas para que las nuevas generaciones se nutran de estos conocimientos. Verdaderamente, esto es lo que más me ilusiona, ya que significará bonanza y providencia para nuestra comunidad latina y efectivamente, es algo de lo que carece la mayoría de nuestras familias.

En definitiva, la idea de tener unos consejos de guía a mano es primordial para que tú dirijas tus finanzas y puedas decidir cómo quieres vivir tu vida. No se trata de que te hagas rico de la noche a la mañana, sino más bien que alcances tu bienestar financiero paulatinamente.

Mi abuela decía que la verdadera riqueza no viene del dinero, sino de ser una persona culta. Creo que ella tenía razón y por eso te invito a que inviertas en ti para cultivarte y así poder lograr que tus sueños dejen de ser solo ilusiones y tomes el control de tu destino.

¡Comencemos!

Te invito a que abras tu mente, expandas tu conocimiento y leas y apliques los siguientes consejos con el objetivo de mejorar la relación que tienes con el dinero. Mi propósito es vivir una vida con consciencia y agradecimiento, además de extender estas recomendaciones a otros para que logren lo mismo o más de lo que yo he podido hacer.

Los siguientes consejos numerados del 1 al 100 están organizados en los diez temas mencionados previamente y puedes leerlos en el orden que tú prefieras. Los pongo a tu disposición.

"Lo ideal sería que un libro no tuviera orden, y el lector tuviera que descubrir el suyo propio." Mark Twain

TU RELACIÓN CON EL DINERO

Si pensamos en las formas que existen de vincularse con el dinero podemos encontrar tres tipos de personas:

1. a las que el dinero controla
2. a las que no quieren saber nada del dinero
3. a las que tienen su dinero bajo control

Las personas en este último grupo, que todo indica que son la minoría[5], son las que dirigen su vida. Son las que llegaron a tener seguridad y autosuficiencia financiera.

¿Te gustaría sentirte seguro e independiente económicamente? ¿Cómo se logra eso? Hay ciertas claves que si las aplicas te ayudarán a lograrlo y verdaderamente te confieso que no son tan complicadas. Es más, son guías que se sustentan en el sentido común pero con un

---

[5] Datos y conclusiones de los siguientes estudios, por ejemplo, muestran como los hispanos en los Estados Unidos tenemos una baja capacidad financiera y escasa educación financiera: a) *"Sí Se Puede: Building Retirement Security for Latinos and the US"*, *Aspen Institute*, octubre, 2017: disponible en https://assets. aspeninstitute.org/content/uploads/2017/10/Building-Financial-Security-for-Latinos-in-the-US-Brief-Web.pdf ; b) Datos del *Pew Research Center, Hispanic Trends*: disponible en https://www.pewresearch.org/hispanic/topics/economics-and-personal-finances/

punto de vista financiero. Sin embargo la mayoría de las personas no las aplica en su vida.

Johann Wolfgang von Goethe, el poeta, novelista, dramaturgo y científico alemán del Romanticismo alguna vez dijo: "Cada uno escucha solo lo que entiende". He aprendido que lo más básico para entender cómo está nuestra salud financiera o situación con respecto al dinero es saber cómo nos vinculamos con las finanzas personales para ver qué acción podemos tomar.

De acuerdo con la Asociación Americana de Psicología[6] (APA por sus siglas en inglés de *American Psychological Association*), el dinero influye de manera significativa en el nivel de tensión de las personas. Si comprendemos cómo nos relacionamos con el dinero construiremos un camino directo hacia nuestra prosperidad, ya que habrá menos obstáculos para alcanzar nuestro progreso. Sobre todo dominaremos la tensión latente que afecta nuestro día a día y podremos respirar tranquilos sin estrés ni preocupaciones financieras.

A continuación te comparto mis consejos para mejorar tu relación con el dinero y conquistar tu independencia económica.

001 Examina la relación que tienes con el dinero

Comenzaremos con este concepto. Es sumamente importante entender la relación que tenemos con el dinero. El dinero es parte de nuestro día a día y en el 99% de los casos, no nos enseñaron cómo manejarlo correctamente. Algo que es tan importante y es parte de

---

[6] Encuesta *Stress in America™: Paying With Our Health*, Asociación Americana de Psicología: disponible en https://www.apa.org/news/press/releases/2015/02/money-stress

nuestra vida diaria no debería dejarse de lado[7], en especial porque de él depende nuestro sustento.

Todos hemos contemplado malos manejos de dinero y es importante reconocer estos malos hábitos y hacerse cargo de la parte que nos toca. Por esto mismo, empezar a entender la relación que tienes con el dinero es el primer paso y la clave para un futuro financiero estable.

Empieza haciéndote las siguientes preguntas. Te recomiendo escribir las respuestas.

- ¿Gastas dinero porque lo ganas? Es decir, ¿sientes que ese capital que ganas mereces gastarlo en ti mismo?
- ¿Gastas dinero porque te hace sentir bien en el momento? ¿Has pensado alguna vez que lo haces para llenar un vacío en tu vida o solo porque te da gratificación gastarlo?
- ¿A tus seres queridos, les compras cosas porque no tienes tiempo para estar y disfrutar con ellos?

Las respuestas que se te vinieron a la mente te dirán algo sobre tu relación con el dinero. Si tus respuestas son afirmativas, es muy probable que el dinero te controle y si no es así, tú tienes el control sobre él. Puede suceder también que estés entre dos tendencias que te jalan en direcciones opuestas y contradictorias. Tampoco debes sentirte mal si tus respuestas son afirmativas ya que, si es así, estás dentro del promedio de la población norteamericana, incluyendo la latina, que tiene como jefe al dinero. Creciste en un sistema en el que las cosas funcionaban de esa manera y aprendiste que esa era la forma de relacionarse con el capital ganancial.

---

[7] Chen, et. al, *"We Don't Talk About That*: Exploring Money Conversations of Black, Hispanic, and White Households", *Journal of Family & Consumer Sciences,* 49 (abril 2021).

De la misma forma, es habitual pensar en las finanzas como una mala palabra o como algo incomprensible que solamente pueden entender algunos elegidos. Ese pensamiento perpetúa el control que tiene sobre ti.

Hay que empezar a cambiar la idea que tenemos sobre el dinero y despertar a nuevas concepciones. Bertrand Badré , un financista escribió un libro sobre cómo obtener el control del dinero y como este puede conducir al bien personal y social[8] y el primer paso es la toma de consciencia. Esto se te irá aclarando paso a paso conforme vayas leyendo estos consejos.

002 Entiende tu historia con el dinero

Todos hemos crecido viendo ciertas maneras de tratar el tema dinero en nuestro entorno. Desde niños oímos dichos y opiniones con respecto a él. En esas historias, dichos, opiniones y patrones de comportamiento está la clave de por qué gestionas el dinero como lo haces hoy en día.

Empieza por recordar algún dicho que oías en tu familia con respecto al dinero. ¿Qué se pensaba del mismo? Quizás el tema dinero era tema de tensión en la familia o quizás era tabú, algo muy típico en las familias latinas o hispanas. Todo eso conforma tu historia con el dinero.

Al entender tu historia con el dinero empezarás a desenredar el hilo de la trama y será revelador para ti. Tómate un tiempo para hacerlo

---

[8] Bertrand Badré, "¿Pueden las finanzas salvar el mundo?: recuperar el control del dinero para servir al bien común" *(en inglés)*. Berrett-Koehler Publishers, 2018. Print.

y descubrir cómo llegó este tema a ser lo que es para la construcción de tu persona.

003 Alinea tus acciones con lo que valoras

Cada persona valora ciertas cosas más que otras en distintas épocas de nuestra vida. Tener en mente eso nos ayuda a definir objetivos en virtud a esas cosas que valoramos. De esa forma es más fácil establecer pasos concretos o acciones que estén alineados a ellos.

En tu caso particular, ¿qué valoras tú ahora? Puede ser algo relacionado con la salud, tu familia, la educación personal o de tus hijos e hijas, la construcción de la estabilidad económica, la realización de voluntariados y ayuda al prójimo, la consolidación de tu patrimonio, entre otros temas importantes.

Escoge cinco cosas que valores para que sean tu enfoque este año. De esas cosas, define por lo menos un objetivo y para cada objetivo establece un par de acciones o pasos que tomar. Ejemplo: un valor puede ser la educación. Un objetivo relacionado a este valor es perseguir un certificado o título, tal vez aprender de un tema o desarrollar una habilidad específica. Esto pondrá en evidencia qué acciones se deberán realizar para lograr ese objetivo, como hacer ciertos cursos o leer cierto material concreto cada mes.

Al configurar una lista de acciones o pasos específicos a seguir ya sabrás qué debes hacer. Esto será algo teórico hasta que ejecutes esas acciones, por supuesto. Con metas concretas que delineen el camino a transitar será más fácil lograr tus objetivos que van de acuerdo a lo que valoras. Todo será fruto de una planificación previa que apunte al cumplimiento de tus metas personales.

El último punto será el alinear tus valores con los objetivos y tus finanzas. Este es un método promovido por varias instituciones financieras de alto perfil como *Forbes*[9]. Gastarás tu dinero en función de algo que consideras un objetivo. Ten en cuenta que no es malo poner tu capital en lugares que no son una necesidad, pero que sí te acercan a la realización de tus ideales.

004 Entiende el patrón que sigues con respecto al dinero

Las cosas que se te vinieron a la mente con las preguntas anteriores te darán una idea del patrón que sigues. El valor de la introspección en este tema es la acción que realmente puede empezar a transformar la manera de cómo manejar tus finanzas. Es decir, debemos identificar aquellas conductas que solemos tener con respecto al manejo del dinero y esto vendrá de una reflexión íntima y profunda. El filósofo Platón se preguntaba: "¿Por qué no revisar nuestros propios pensamientos con calma y paciencia y examinar a fondo para ver qué son realmente estas manifestaciones en nosotros?"

Sin embargo, ¿cómo reconocemos los patrones que seguimos?

Una manera es estando consciente del momento. Debemos empezar por conectar nuestra atención con el presente. Olvidemos el pasado y el futuro. Fijar la atención en el presente te ayudará a ser más consciente de las decisiones que estás tomando de momento a momento. Por ejemplo, ¿percibes que la presión de tus allegados influye en tus hábitos de gastos? ¿Decides comprar algo en un instante porque hay un impulso que te empuja a hacerlo? ¿Piensas que realmente lo necesitas? ¿De dónde viene ese impulso?

---

[9] Rianka Dorsainvil, "Alinear su dinero con sus valores (*en inglés*)", *Forbes* (25 nov. 2019): disponible en *https://www.forbes.com/sites/riankadorsainvil/2019/11/25/aligning-your-money-with-your-values/?sh=bd594735ac3f*

Identificar cuáles son tus patrones cuando haces tus compras puede echar luz sobre las asociaciones emotivas que has generado en relación al dinero. Solo de esa forma podrás entender cómo es tu relación con el dinero.

005 No dejes que la tensión por el dinero te someta

Los problemas de dinero son reales y causan agobio, angustia, ansiedad y hasta tensión. Cuando hablamos de tensión, nos referimos a nerviosismo y estrés. Hay bastantes datos que muestran cómo el dinero es una de las principales causas de ansiedad y tensión en las personas y es una certeza que el estrés afecta tu bienestar deteriorando tu salud. La investigación que llevé adelante indicó que el dinero causa tensión en el 90% de los sujetos encuestados.

Lo positivo de todo esto es que se puede identificar qué causa esa tensión. Percibir cómo fluye el dinero en tu vida es el primer paso. Es importante estar consciente y poner plena atención a la experiencia del presente, sobre todo cuando estás por usar, gastar, recibir dinero o cualquier cosa que suceda en relación a tu capital. Esta técnica sirve para conectar con el momento y es el primer paso para abordar este problema.

Una vez que empieces a ser consciente de cómo fluye el dinero en tu vida, empezarás a sentir que lo puedes controlar y no que este te controla a ti. Únicamente de esa forma podrás hacer cambios en tus hábitos diarios. La tensión que el dinero te causa se reducirá y mejorarás tu bienestar físico y psicológico y ni se diga el financiero. Las palabras del filósofo romano Séneca nos iluminan desde la Antigüedad: "Si realmente quieres escapar de las cosas que te acosan, lo que necesitas no es estar en un lugar diferente sino ser una persona diferente".

Además de saber dónde va tu dinero, serás consciente de los malos hábitos que sueles tener con respecto a tus finanzas. El pensamiento de "todo o nada" es algo que la gente experimenta en relación a su capital, no obstante no es el sentimiento más aconsejable de experimentar. El filósofo Horton (2017) describe la reacción del todo o nada como lo "que no debe producir ningún resultado en lugar del resultado menos bueno" y esto es aplicable a la forma en que gastas el dinero[10]. Si te impones una meta financiera y te encuentras comprando zapatos nuevos fuera de tu presupuesto, deberás reconocer tu error antes de caer en tus viejas conductas y volver a respetar tu presupuesto. No debes perder tus objetivos por un error.

006 Reformula tu perspectiva con respecto al dinero

Se que estarás de acuerdo conmigo en lo siguiente: el dinero no proporciona la felicidad, pero es seguro que la pobreza tampoco. Al reformular y aclarar tu perspectiva con respecto al dinero te ayudará a mentalizarte y a ver el dinero como un valor e instrumento necesario, pero no uno que proporciona felicidad.

Mejor es entender que el dinero no es más que la expresión de cómo vives, un instrumento de intercambio. Ten en cuenta que el dinero es un intercambio de tu tiempo, que las horas que trabajas son algo que permutas por un monto de dinero que puedes usar y gastar en cosas que necesites o que desees.

Si bien el dinero es una herramienta, debes estar a cargo de él y aprender a administrarlo correctamente. Un estudio realizado en

---

[10] Joe Horton, "El problema de todo o nada (*en inglés*)", *The Journal of Philosophy* 114, 2 (febrero 2017): disponible en https://www.pdcnet.org/jphil/content/jphil_2017_0114_0002_0094_0104

2021 por Matthew Killingsworth de la Universidad de Pensilvania encontró que el bienestar emocional y la felicidad general de las personas aumentan a medida que aumentan los ingresos[11]. Saber que puedes mantener el control de tu dinero puede darte tranquilidad, seguridad y aumentar tu bienestar.

Una vez que empieces a ver al dinero solo como un factor de intercambio, empezarás a sentirte un poco más libre de su poder y dominio. Nadie logró seguridad financiera pensando que el dinero es el fin último para lograr la felicidad. Si lograron seguridad financiera pensando eso, están realmente perdidos, porque todos sabemos que tener dinero no es sinónimo de dicha.

007 Toma nota de cómo decides gastar o usar dinero en tu vida

El entender los patrones que sigues por defecto revelará cómo el dinero que usas en tu día a día está contribuyendo o perjudicando tu seguridad financiera. Si esto no te convence sobre los mejores caminos a seguir para mejorar tu economía, aún no estás listo. Pero no te preocupes, Roma no se construyó en un día. Esto toma su tiempo. No te olvides que es un proceso y que aquí lo iremos transitando juntos.

Mi consejo en este punto es que empieces por llevar un plan ordenado de tus gastos. Comienza a llevar un registro de todo el dinero que pasa por tus manos por un tiempo de un par de semanas o treinta días (que sería lo ideal). Registra tus gastos e ingresos. Todo.

---

[11] Joni Sweet, "La felicidad no supera los 75.000 dólares, según un estudio (*en inglés*)", *Very Well Mind* (26 enero 2021): disponible en https://www.verywellmind. com/happiness-doesn-t-top-out-at-usd75-000-study-says-5097098.

Es importante visualizar en qué se va tu dinero clasificando los gastos por categorías, pero no estoy hablando de las típicas categorías de gastos de un presupuesto como alquiler, insumos, facturas médicas y misceláneos sino por la función que estos gastos desempeñan en tu vida. Por ejemplo gastos de vivienda, gastos de entretenimiento, gastos por tu salud, gastos para cubrir vacíos en tu vida, gastos por sentido de culpabilidad, gastos para sentirte mejor, gastos por gustos, gastos obligatorios, etc. Como verás, no estoy hablando de hacer un presupuesto, sino un registro. Se trata de descubrir los patrones de gastos en tu vida, para después analizarlos concienzudamente.

Primero sugiero no hacer cambios inmediatos. Solo observa y toma nota. Esa es la mejor estrategia. Tomando nota de tus gastos según las categorías sugeridas (recuerda que estás buscando patrones), obtendrás una muestra práctica de cómo entra y sale tu dinero. Después de ese momento podrás analizar cuál es el patrón que sigues y tomar consciencia de las repercusiones de tus actos.

008 Practica ser una persona bondadosa

Si consideras que el dinero te hará rico, estás pensando estrictamente en la riqueza material y esa es una visión muy limitada de lo que es la riqueza. Si regalas un poco de bondad, de buenas ideas o pensamientos verás que a menudo estos valen más que una gran cantidad de dinero. Al final de cuentas se trata de llegar a tener una vida con sentido y esto implica que la codicia no te controle. Saber dar al que lo necesita te ayudará a ser desprendido de tu capital y tú tendrás el poder sobre tu dinero, no él sobre ti.

¿Cómo logras esto? Mi abuela decía "da primero" y ella predicaba con el ejemplo. Esto que yo oía y veía que ella hacía marcó mi personalidad y mi pensamiento y, eventualmente, comencé a destinar un gasto específico para alguna buena causa. De esa forma pude experimentar la recompensa de sentir que, por poco que fuera, estaba aportando un granito de arena al mundo. Por ejemplo, el dinero que gastas por semana en refrescos puede tener una finalidad más provechosa. Utiliza, aunque sea una parte de ese dinero, a una organización benéfica o a una Iglesia para ayudar a los más desvalidos. Involúcrate con tu comunidad; verás que si ella prospera, tú también lo harás.

Al cabo de un tiempo descubrirás que puedes vivir sin esos refrescos (que además no tienen nada de saludable) y sentirás la satisfacción de aportar algo a quien que lo necesita más que tú.

009 No persigas la riqueza, pero tampoco te sientas cómodo en la pobreza

Los conceptos de riqueza y de pobreza se han distorsionado y es mejor entenderlos deconstruyendo los mitos que existen en nuestras vidas en torno a esos temas. En el caso de los latinos, suelen enseñarnos de niños que el buscar tener dinero es algo malo y que la pobreza es el camino hacia la pureza del espíritu.

Pensar en la pobreza como valor moral puede sonar como un concepto idealizado, pero no deja de ser un pensamiento sin fundamento que es contraproducente para nuestro bienestar financiero. Lo más probable es que desde tu niñez hayas estado expuesto al tema, tanto en lo religioso como en el arte y la literatura, donde la pobreza se marca como algo virtuoso en el consciente colectivo y puede llevar a la autocomplacencia.

Al aceptar y entender estas distorsiones podrás realizar el recorrido para librarte de ellas y ver lo que está detrás de esa neblina que obstaculiza el camino al bienestar financiero. En otras palabras, comenzarás a actuar como un inversor activo y responsable de tu dinero. Te aseguro que será difícil lograr seguridad financiera si no haces esto.

De ahora en adelante deberás buscar generar activos que tengan un valor económico accesible, como acciones u otro tipo de inversiones de los que puedas tener beneficios sin un esfuerzo significativo. Estos tienen utilidad económica y te darán seguridad financiera.

010 Acepta el principio de la *salud financiera*

Este principio de salud financiera incluye no solo tu estabilidad económica sino también tu bienestar emocional en torno a tus finanzas. La Asociación Estadounidense de Psicología reconoce los trastornos relacionados con lo monetario y las enfermedades mentales legítimas, destacándose el estrés causado por motivos pecuniarios debido a la falta de educación financiera[12].

Pero, no debes luchar contra la realidad. La aceptación de algo empieza cuando no pretendes que las cosas sean diferentes de lo que son ya que eso no te ayudará y te generará más angustia.

Prioriza tu bienestar. Si tu salud financiera puede mejorar, no resistas el cambio, ni te quedes reflexionando y analizando por demás. Eso no funciona. Pero si al contrario no puedes hacer nada frente a cierta realidad, es liberador saber que hay otra vía que es la de aceptar las cosas que no podemos cambiar. Además, la salud financiera es parte del cuidado personal. De esa misma forma te guardas de lo que comes, con quién te rodeas, qué aprendes, etc.

---

[12] Durband, et al. "Asesoramiento financiero" (*en inglés*), *Switzerland: Springer Nature Switzerland*, 2019), 153-166.

Al aceptar este principio estarás dispuesto a abordar temas relacionados con tu salud financiera en relación con el comportamiento que sueles tener con tu dinero y tu bienestar emocional. Enfrentar cuestiones financieras que muchos viven como delicadas e íntimas es un buen síntoma para consolidar un bienestar económico consistente.

011 Acepta sin culpa que no sabes manejar tu dinero óptimamente

También es hora de que aceptes que si tu salud financiera no es ideal, no es necesariamente tu culpa. En la escuela no se nos enseña realmente la importancia de saber manejar dinero y en gran parte de las familias latinas se habla de ahorrar, pero sin impartir principios para lograrlo. El instituto Milken difundió un estudio realizado por PISA que reforzaba la idea de que los hispanos no saben mucho sobre finanzas al registrar que las latinas de 15 años obtienen el segundo puntaje más bajo en educación financiera[13].

Cuando descubres y aceptas que no es del todo tu culpa, sino que actúas en base a tradiciones culturales que se han ido perpetuando dentro de tu comunidad, empiezas a cambiar tus creencias sobre el dinero, te liberas y estás abierto a aprender. Entonces comprobarás que iniciar tu educación financiera es el mejor negocio de tu vida, porque invertir en conocimiento realmente paga el mejor interés, como decía Benjamin Franklin.

¿No te das cuenta de que ese tabú social que tenemos los latinos sobre el dinero, que nos avergüenza y nos intimida, solo cambiará si nos libramos del sentimiento de culpa?

---

[13] Contreras & Bendix, "Educacion financiera en los Estados Unidos" (*en inglés*), *Milken Institute*, 2021: disponible en https://milkeninstitute.org/sites/default/files/2021-08/Financial%20Literacy%20in%20the%20United%20States.pdf.

012 Adhiérete a la economía circular

Hoy día, en nuestras vidas, consumimos y desperdiciamos muchas cosas porque hemos crecido en una sociedad que hace culto al consumo. Con ello no solo estamos afectando al planeta, sino también aportando al desfase de nuestra economía y finanzas personales.

Sin embargo, en los últimos tiempos se han alzado voces que proclaman una toma de conciencia con la búsqueda de preservar el planeta. Opta por aplicar las ideas de reducir, reutilizar, reparar y reciclar, en otras palabras, adopta los principios de la economía circular, principios de sustentabilidad. En un inicio empieza por reflexionar sobre tu comportamiento y actitud en relación a ello. Cada vez que gastamos en algo estamos consumiendo recursos del planeta y por esto la reutilización, reparación, el consumo de productos remanufacturados y el reciclaje, tienen sentido. Al usar productos que se reutilizan y reciclan, reduces el consumo, el uso de energía y disminuyes la cantidad de desperdicios que generas.

Wali, Golroudbary y Kraszewski (2021) comprobaron que la economía circular ha ayudado a mejorar muchos de los objetivos de desarrollo sostenible de las Naciones Unidas, como el crecimiento de empleo, la igualdad de género y la reducción de la pobreza[14]. Lo mejor de apostar por la economía circular es que te ahorrará dinero, te hará sentir como un participante activo en pro del planeta y hasta puede ser rentable. Como consumidor, tu comportamiento es clave en la sociedad, en tu comunidad y en el planeta.

---

[14] El Wali, Mohammad, Saeed Rahimpour Golroudbary y Andrzej Kraslawski. "Economía circular para la cadena de suministro de fósforo y su impacto en los objetivos sociales de desarrollo sostenible'" (en inglés), The *Science of the total environment* 777 (2021): 146060–146060. Web.

013 Los consejos financieros son personales, no permitas que los consejos que reciban otros te desanimen

La existencia de una solución financiera única no existe. Cada persona necesita soluciones personalizadas de acuerdo a su realidad, posibilidades y temperamento. Sin embargo, el contar con consejos financieros es muy valioso y tener una red de retroalimentación te ayudará, ya que te dejará ver cómo dar soluciones alternativas a problemas específicos.

Ten en cuenta que habrá una gran variedad de consejos, de diferentes opiniones y muchas sugerencias que hasta te resulten inútiles. Así como hay muchos asesores financieros, gurús, vendedores de instrumentos financieros y entendidos en las finanzas, también hay mucha diversidad en la manera de ver las finanzas personales y todo este panorama puede resultar un poco confuso. Además, lo que funciona hoy podría no funcionar mañana. Lo importante es mantener una mente objetiva.

Al tener esto en cuenta podrás revisar tu plan de objetivos e inversiones cuando encuentres una mejor modalidad para ti o cuando tus circunstancias cambien.

014 En pareja, busca compatibilidad y complementariedad financiera

Tú y tu pareja forjarán o ya han forjado un estilo de vida y esto será un catalizador para que la relación triunfe, se perjudique o hasta se pueda llegar a destruir.

El amor y el dinero conforman una mezcla intricada que hay que organizar. Todo se refiere a establecer acuerdos claros y justos para que la relación no se resienta. Si un conyugue entre los dos es más eficaz manejando dinero, déjalo actuar y aprende de eso y si ambos sienten que este no es su tema, es hora de educarse. Cada persona puede aportar valiosa información y conocimiento a la relación. Son un equipo y el estilo de vida que quieran llevar debe coincidir con sus aspiraciones y con su ingreso real, no con lo que desearían que fuera. Trabajar en conjunto por sus aspiraciones financieras no hará otra cosa que unirlos más, pero deben estar convencidos de actuar como una sociedad.

El compartir experiencias buenas, pero más aún vivencias no tan románticas como deudas, presupuestos, desafíos financieros y trabajar para sobrellevarlos juntos, contribuirán a esa intimidad y ayudarán a mantener una relación sana y duradera.

015 Cuando el dinero en pareja es causa de serios desacuerdos busca un árbitro financiero

Discutir y llegar a pelear por el dinero no solo causa tensión y ansiedad en la pareja, sino también un deterioro de la armonía en la relación. El dinero es uno de los temas por el que más pelean las parejas casadas y una de las causas de deterioro matrimonial que tienden a llevar al divorcio[15]. Sabemos que cultivar un matrimonio sólido requiere tiempo y trabajo siendo el manejo del dinero un asunto sobre el que siempre debe haber luz, diálogo y acuerdos. No importa cuánto ames a tu cónyuge o pareja, el fusionar dos vidas y su dinero puede ser un gran desafío.

---

[15] Rachel Cruze, "El dinero arruina los matrimonios en los Estados Unidos: un estudio de Ramsey Solutions" (*en inglés*), *Ramsey Solutions* (2018): disponible en https://www.ramseysolutions.com/company/newsroom/releases/money-ruining-marriages-in-america

Cuando se presenten dificultades, lo mejor será buscar un árbitro financiero como un asesor, consejero o terapeuta. Alguien neutral que sirva de mediador podrá evaluar los argumentos y ayudarte a elaborar soluciones viables. Este es un buen punto de partida. Tu vida en pareja no debe destruirse por un mal manejo o desacuerdo sobre el dinero, sino que puede ser un punto débil que debe fortalecerse.

Al tener un árbitro financiero tendrás un apoyo para no caer en una mentalidad negativa y poder interactuar de manera más sana con tu pareja. Si las cosas no van bien y el dinero es una de las razones, esto te puede ayudar a comenzar un nuevo ciclo. Alguien neutral podrá evaluar tus prioridades y te centrarás en lo que más valoras sin perjudicar tus relaciones.

016 No todas tus decisiones tienen que ser dictadas por las finanzas

En un mundo ideal, todos deberían prepararse financieramente para la jubilación y tener su capital bajo control, pero hay cosas en la vida que se presentan y lo mejor es llevarlas a cabo con sentido común y autoconciencia. Como decíamos anteriormente, es más importante ser feliz que ser rico.

¿Cómo tomas decisiones conscientes? Se necesita mucha determinación para tomar medidas. El primer paso es hacerlo, como dice el lema comercial de Nike *just do it*. Se trata de tomar la decisión de ser financieramente saludable. Esto creará un efecto positivo en tu vida aunque en diferentes momentos te parezca más fácil volver a las viejas formas. Recuerda que estas viejas formas perpetuaban toda una serie de conductas que afectaban tu salud y te tenían en tensión constante.

Conforme vayas adoptando hábitos y tomes acciones basadas en una conciencia de cómo en casi todos los aspectos de nuestra vida el dinero está presente, podrás actuar estando al tanto del impacto financiero de tus acciones. La cuestión es tomar decisiones conscientes y que las finanzas solo sean un factor que trabaje para ti.

¿Cuántas veces al día crees que tomas una decisión que afecta tus finanzas personales? La realidad es que son muchas y diarias.

017 Evita la conversación negativa sobre el dinero

La conversación sobre el dinero tiende a ser negativa y crítica y esto hace que sea difícil que se lleve a cabo un cambio en el patrón de conducta. Sobre todo en la gente joven, que sienten que no son capaces de controlar los aspectos financieros de su vida. Cuando tienes esa conversación negativa, con seguridad algo anda mal y es momento de replantear tu relación con el dinero.

Antes de hablar sobre dinero, escucha y reconoce tus sentimientos. Los psicólogos recomiendan empatía para tratar temas difíciles y el dinero tiende a ser uno de ellos. Si escuchas primero, luego podrás expresar aquello que quieras y lograrás así avanzar hacia tus objetivos financieros. El colaborador de *Forbes*, Prudy Gourguechon, plantea que hablar negativamente sobre el dinero junto con la evasión forman una combinación terrible y detiene el progreso[16]. La clave es ser consciente de si mismo.

---

[16] Prudy Gourguechon, "La psicología del dinero: lo que necesita saber para tener una vida financiera (relativamente) intrépida" (*en inglés*), *Forbes* (25 feb. 2019): disponible en https://www.forbes.com/sites/prudygourguechon/2019/02/25/the-psychology-of-money-what-you-need-to-know-to-have-a-relatively-fearless-financial-life/?sh=3224c0e3dfe8

Cuando expresamos lo que queremos a nuestros seres más allegados, abrimos la posibilidad de cambio.

018 Habla de dinero con la gente más cercana a ti

Somos seres sociales y lo que compartimos, en gran medida, nos hace quienes somos.

Como el dinero es parte de nuestra vida, es bueno conversar sobre sus aspectos con seres allegados a ti, con el propósito de aprender y mejorar tu salud financiera.

El poder hablar del tema con respeto y sin críticas hará que puedas aprender más sobre él y cómo mejorarlo y dejará de ser un tabú. Consiguientemente dejará de ser incómodo y empezará a ser más fluido.

019 Edúcate en temas de finanzas y dinero

Si inviertes en tu educación financiera no solo te beneficiarás tú, sino que mejorará tu economía en general. La primera apuesta debe ser en ti, en tu conocimiento sobre cómo manejar tu dinero.

¿Cómo empiezas? Por lo básico. Ya hemos hablado sobre tu relación con el dinero, ahora seguiremos con otros temas claves. El resto de este libro establece criterios imprescindibles y depende de ti que se alineen con tus valores, estilo de vida y objetivos profesionales. Se trata de empezar con los medios financieros que tienes y mejorarlos. La buena noticia es que una vez que pongas en práctica ciertos conceptos básicos, como por ejemplo el de inversión, comprenderás mejor la forma correcta de gestionar tu capital actual y esto impactará positivamente en tus planes futuros.

PÁGATE PRIMERO A TI MISMO

Pagarse primero a si mismo puede ser un desafío incluso para los más expertos en inversiones, pero debes lograr tener esta mentalidad clave si quieres conseguir tu bienestar y más aún tu independencia financiera. Lo primero es lo primero.

020 Págate primero a ti mismo

Si vas a hacer un cambio en tus finanzas, empieza por pagarte a ti primero antes de pagar a nadie, ni a los bancos, ni insumos, ni a tus acreedores. Pregúntate qué te queda de todo lo que ganaste el año pasado o de años anteriores.

Empieza a tomar parte de lo que ganas porque te pertenece y para eso trabajas. Deja de pagar primero a todo el mundo menos a ti. Lo ideal es que pienses en un porcentaje fijo para ti y después lo inviertas. Puedes empezar por un 3%, 5% o 10% y conforme tomes control de tus finanzas puedas aumentar esa proporción cuando llegue el momento.

Establece que una vez que te depositen tu sueldo harás una transferencia a una cuenta de inversión. Por ahora te olvidarás de ese dinero y deberás planificar tus gastos con el dinero restante. Así recaudarás tu parte de la ganancia antes de pagar el alquiler, previo a cancelar tus otras facturas y con antelación a salir a gastar. Otras maneras de pagarte a ti mismo son contribuir a una reserva de emergencia, engrosar tus cuentas de jubilación como tu 401k, IRA o tu Roth IRA, liquidar tus deudas y no incurrir en ninguna nueva (excepto, quizás, una hipoteca).

Aunque pueda parecer que esto no es pagarse a si mismo, es una verdadera inversión que agradecerás más adelante. La Oficina de Protección Financiera del Consumidor habla sobre la importancia de invertir temprano ya que "puede significar más dinero para el futuro" y contribuir a ayudarte a construir activos más fácilmente[17]. Es una buena forma de hacer crecer tu capital poniendo al dinero para que trabaje por ti.

Al incorporar este hábito en tu vida lograrás construir un sólido patrimonio. Esto es muy poderoso. Si invirtieras la décima parte de lo que ganas cada año, calcula ¿cuánto tendrías en diez años? Al empezar rápido a destinar dinero para hacer crecer tu capital consolidarás más raudamente tu independencia financiera.

021 Debes saber cuál es tu patrimonio neto

El patrimonio neto que una persona tiene y su valor puede fluctuar. Al empezar a entenderlo podrás tomar las riendas de tus finanzas. Hasta tu autoestima te agradecerá por esto.

Pero definamos algunos términos: el patrimonio neto no es más que la suma de todos los activos que tienes, es decir todas las cosas de valor que se pueden convertir en dinero, menos los pasivos, es decir

---

[17] "Descubrir los beneficios de invertir temprano," *Consumer Financial Protection Bureau: disponible en* https://files.consumerfinance.gov/f/documents/cfpb_building_block_activities_discovering-benefits-investing-early_guide.pdf.

todas tus deudas. Si configuras esa lista (sumas tus activos y, luego, restas tus pasivos), eso te revelará cuál es tu patrimonio neto.

Benjamin Franklin decía: "Tu patrimonio neto para el mundo generalmente está determinado por lo que queda después de que tus malos hábitos se resten de tus buenos hábitos." Aunque esta frase no se refiera específicamente al dinero, transmite la idea de lo determinante que son las conductas negativas para la consolidación de un capital. Es casi seguro de que hay hábitos en tu vida que están restando dinero de tu patrimonio neto y estos eventualmente afectan tus buenos hábitos.

Saber cuál es tu patrimonio neto te dará un punto de partida y podrás establecer una meta a seguir: pagarte primero para hacerlo crecer. No saber cuál es tu patrimonio neto puede hacerte aumentar tu deuda y seguir manteniendo actitudes que afectan tu salud financiera. Es verdad que te llevará trabajo y análisis, pero así terminarás con el mal hábito de no ocuparte activamente de tu realidad económica.

022 Determina tu liquidez

Cuando conozcas tu nivel de liquidez, podrás deducir el nivel de flexibilidad financiera que tienes.

Dejemos claro este concepto: la liquidez es la suma de todo el efectivo (los ahorros bancarios y las cuentas corrientes), las acciones y los valores de los bonos que tengas. Estos son tus activos líquidos o que fácilmente se pueden convertir en líquidos. No se puede mentir sobre eso. La liquidez se refiere a lo fácil que es convertir un activo en efectivo. En un caso práctico se refiere a ¿cuánto tiempo podrías seguir viviendo cómodamente sin ingresos?

Tener activos líquidos es de gran importancia para lograr independencia financiera. Si mantienes fondos de reserva de fácil acceso que puedan garantizar tu subsistencia durante tres a seis meses tendrás paz mental. De eso se trata.

Una encuesta reciente de Bankrate reveló que solo el 44% de los estadounidenses podría cubrir una emergencia de $1.00018 ¿Te imaginas, si fuese la escuela donde 56% tienen una calificación reprobatoria? ¡Y solo es $1.000! Tener buena liquidez te asegurará que no seas parte de ese 56%.

023 No ignores a tu *yo futuro*

¿Has pensado en tu *yo futuro*? El momento para ahorrar dinero es hoy, pero no dejando tu dinero escondido en una caja de zapatos, sino invertirlo para el futuro y asegurar tu vejez. Esto no significa tener una vida precaria en el presente, sino construir una realidad realmente agradable a largo plazo.

Considerar tu *yo futuro* es prestar más atención a tus elecciones presentes y eliminar las cosas que no te aportan o incluso que socavan tu plan. Para esto deberás adoptar hábitos buenos y realizar sustituciones inteligentes.

Debido a la amenaza del cambio climático, muchos gobiernos y organizaciones no gubernamentales han comenzado a gestionar con la mirada puesta en el futuro. El poder de pensar en un futuro potencial y una realidad compartida puede ayudarte a configurar tu accionar y a cumplir con tu propósito. No subestimes el poder de imaginarte en el futuro.

Cuando ahorras para tu *yo futuro* estás poniendo a trabajar el poder del valor del dinero en el tiempo y hasta de la capitalización con impuestos diferidos (por ejemplo, invirtiendo en una cuenta con impuestos diferidos como el 401K). Tu dinero puede crecer más rápido porque las ganancias que logras se reinvierten y ganan aún más de lo inicialmente invertido y lo reinvertido.

024 Establece metas financieras

Establecer metas es el primer paso para lograr independencia financiera. Ya vimos que tener en mira el patrimonio es esencial. Es igualmente importante tener claridad de lo que puedes y debes hacer para lograr tus objetivos, sobre todo si este no es un valor que escogiste.

Haz una lista de las cosas que tengas bajo control y las que no en tus finanzas. Pregúntate: ¿qué puedes mejorar de ellas? De ese análisis irán saliendo tus debilidades y fortalezas y podrás establecer tus metas financieras. Por ejemplo, puedes ser muy bueno para ahorrar dinero pero pésimo presupuestando tu ingreso disponible, entonces es hora de descubrir cómo gastar mejor tu ingreso disponible. Ve con calma, investiga, edúcate y aprende. No llegaste a estar en esta situación de forma repentina; esto es una consecuencia de años de hacer cosas que no aportaban a tu bienestar financiero.

Al tener estas cosas en mente o escritas en un papel, empezarás a sentir que estás tomando cierto control de la situación. Al fin y al cabo lo que más puedes controlar son tus acciones, tu ética de trabajo y por supuesto, tu actitud.

025 Busca maneras de diversificar tus ingresos presentes

Si bien es bueno valorar la importancia de ahorrar e invertir, también es clave concentrarse en ganar dinero y no depender de una sola fuente de ingresos.

Hay varias cosas que puedes hacer para diversificar tus ingresos. Por ejemplo puedes ofrecer un servicio, vender algo o desarrollar un producto. Tú dirás que eso suena complicado y que te llevará tiempo y esfuerzo, pero piensa, ¿qué tal si empiezas un proyecto de algo que te apasione? Eso no será tan pesado y te sentirás realizado después de desarrollar un proyecto tan personal. Especialmente si es algo que realmente te gusta, poco a poco se puede convertir en una fuente alternativa de ingresos. Esa es una de las formas más seguras de diversificar tus ingresos. Lo puedes pensar como un aprendizaje y hasta una oportunidad de descubrir cómo aprovechar tus aptitudes empresariales o trabajar en tus habilidades.

Según un estudio de *Pew Research*, el 16% de los estadounidenses ha participado en un trabajo secundario, como contratistas de aplicaciones como *DoorDash* y *Uber*[18]. En el mismo estudio señala cómo "los adultos hispanos se destacan por participar en la mano de obra gig" con un 30% que "ganó dinero de esta manera[19]".

Al diversificar tus ingresos tendrás el potencial de aumentar tu patrimonio. El tiempo es el único recurso que no puedes aumentar.

---

[18] Estudios del *Pew Research Center, Gig* y Economías Compartidas (*en inglés*): disponible en https://www.pewresearch.org/internet/2021/12/08/the-state-of-gig-work-in-2021/
[19] Ve 18.

026 Empieza a diversificar tus ingresos futuros

Llegará el día en el que ya no tengas la energía o las ganas de trabajar como puedes hacerlo en la actualidad y tu bienestar financiero dependerá del volumen de ingresos que te generen los activos que hayas acumulado.

Verdaderamente, tú puedes tener más de una fuente de ingresos como la tienen muchos: un sueldo como empleado, un salario como especialista, ganancias como emprendedor y rentabilidad como inversionista. De esta forma, no solo ganarás dinero por tu trabajo sino también de alguna de tus especialidades (ya sea en la que te preparas o la de tu pasatiempo favorito), hasta que tus inversiones sean lo suficientemente considerables. Esta última es la mejor fuente de ingresos ya que tu dinero trabajará para ti en vez de que tú trabajes para conseguirlo. La forma más fácil y segura de hacer crecer tu dinero es invertirlo en el mercado de valores, hacer contribuciones automáticas y consistentes y simplemente darle tiempo.

Al construir una cartera o portafolio de inversiones, paso a paso estarás cimentando tu independencia financiera de manera segura. No solo asegurarás un futuro económico más consolidado, sino que conseguirás mejorar cómo te sientes en la actualidad con respecto a tu futuro.

027 Logra un bienestar financiero y luego trabaja por la independencia financiera

Lograr seguridad financiera se centra en mantener lo que ya tienes en caso de crisis, enfermedad o pérdida de empleo. Aunque es un objetivo digno y sensato, es una meta que podríamos definir como conservadora. Por esto, lo aconsejable es ver más allá de esas necesidades para proyectarte hacia objetivos más ambiciosos, lo que, como consecuencia, te llevará a la independencia financiera. Esa debe ser tu meta.

Obtendrás seguridad financiera al tener un flujo de efectivo mayor que tus gastos anuales de supervivencia más la combinación de algunos de los siguientes activos: ahorros, inversiones, pólizas de seguro (de vivienda, de discapacidad a corto plazo, contra emergencias y desastres naturales), beneficios de seguridad que otorga el gobierno (como el seguro de desempleo o seguro social), entre otras opciones.

La seguridad financiera te permitirá cubrir los gastos anuales de supervivencia tuyos y de tu familia, aunque sin lujos. Te dará opciones, te permitirá desarrollarte, hacer una carrera profesional más arriesgada sin preocuparte demasiado por las repercusiones, tomar un descanso del trabajo o pasar a un empleo de medio tiempo.

La Misión de Seguridad e Intercambio de los Estados Unidos proporciona una hoja de ruta útil sobre cómo lograr la seguridad financiera, que incluye hacer un plan, comenzar a ahorrar e invertir, tal como sugerimos anteriormente[20].

028 Ten tu mente abierta y no dejes de interactuar con el mundo de manera creativa

Si haces esto, te expondrás a tantas perspectivas como sea posible y estarás abierto a posibilidades y oportunidades ¿Qué tiene que ver esto con el dinero? No hay mejor inversión que la que haces en

---

[20] "Ahorro e inversión: una hoja de ruta para su seguridad financiera a través del ahorro y la inversión" (*en inglés*), *U.S. Securities and Exchange Commission*: disponible en https://www.sec.gov/pdf/facts.pdf

ti mismo, en este caso, contribuyes a ampliar tu conocimiento y habilidades.

Descubre oportunidades ya sea viajando, leyendo libros, asistiendo a conferencias, escuchando programas o *podcasts* donde aprendas algo nuevo, reuniéndote con personas diferentes, buscando en línea, indagando cómo funcionan las cosas, etc. Ver algo desde todos los ángulos es la mejor manera de entenderlo realmente y te ayudará a explorar nuevos caminos. Lo creas o no, mirar y explorar algo desde un punto de vista no experto te dará una ventaja en creatividad y te permitirá pensar en diferentes métodos para resolver problemas[21].

El satisfacer el hambre por el saber te lleva a ser más valioso a la sociedad y hasta un experto en los temas que más te interesan. Si estás mejor preparado, con una mente creativa para resolver problemas puedes generar tus ingresos, ser emprendedor en una empresa de tu creación o impulsar tu puesto laboral dentro de la empresa que trabajes al traer ideas y nuevos puntos de vista.

---

[21] Sonenshein explica en su libro cómo los no expertos comúnmente superan a los expertos debido a su formación y formas de pensar no tradicionales. Scott Sonenshein, *Stretch: Unlock the Power of Less -and Achieve More Than You Ever Imagined* (New York: HarperCollins, 2009).

EL INTERÉS COMPUESTO

Hay unos cuantos conceptos financieros que vale la pena aprender para aplicarlos en tu vida. Al fin y al cabo, como dije antes, el dinero es una realidad del día a día y deberíamos saber más sobre algo que está tan incorporado en nuestra cotidianidad.

Hay un concepto financiero muy importante que se llama interés compuesto o capitalización del interés y está relacionado con el valor del dinero en el tiempo. Así como los libros tienen una forma única de detener el tiempo en un momento particular, el dinero tiene una forma única de acaudalarse en el tiempo, en base al interés. Este es un concepto básico en finanzas.

029 Aprende sobre el interés compuesto

El interés compuesto trabaja para ti haciendo crecer tu dinero más rápido en base a ganancias que se reinvierten y generan aún más capital. Esta es una noción fundamental del concepto del valor del dinero en el tiempo.

Hay dos tipos de interés, simple y compuesto:

- El interés simple te pagará solo sobre el dinero que inviertas (el principal).

- El interés compuesto te pagará sobre el principal más el interés que ya has ganado[22].

Cuando inviertas, siempre escoge un interés compuesto en vez de interés simple.

Una consideración importante es con qué frecuencia te pagan el interés y cómo lo calculan. La inversión con interés compuesto mensual crecerá más rápido que una inversión con interés compuesto anual ya que el mensual estará incluyendo la ganancia de interés cada mes. Por otra parte, si tú eres el que paga interés compuesto de un préstamo, como a una tarjeta de crédito, por ejemplo, te estará costando mucho dinero, ya que se cargarán los intereses no solo al principal sino que, además, pagarás interés sobre el interés.

He aquí una ilustración:
Si inviertes $10.000 al 10% anual, al cabo de 25 años tu dinero habrá crecido hasta $108.347, o sea, tu rentabilidad habrá sido de casi $100.000. Parece increíble, ¿no crees?

Año	Valor inicial	Intereses	Valor Final
1	10.000	1.000	11.000
2	11.000	1.100	12.100
3	12.100	1.210	13.310
4	13.310	1.331	14.641
5	14.641	1.464	16.105
6	16.105	1.611	17.716
7	17.716	1.772	19.487
8	19.487	1.949	21.436

---

[22] Fidelity Active Investor, "Interes compuesto" (*en inglés*), 13 enero, 2022, https:// www.fidelity.com/learning-center/trading-investing/compound-interest

9	21.436	2.144	23.579
10	23.579	2.358	25.937
11	25.937	2.594	28.531
12	28.531	2.853	31.384
13	31.384	3.138	34.523
14	34.523	3.452	37.975
15	37.975	3.797	41.772
16	41.772	4.177	45.950
17	45.950	4.595	50.545
18	50.545	5.054	55.599
19	55.599	5.560	61.159
20	61.159	6.116	67.275
21	67.275	6.727	74.002
22	74.002	7.400	81.403
23	81.403	8.140	89.543
24	89.543	8.954	98.497
25	98.497	9.850	108.347

Imagínate si cada año añadieras otros $10.000. En ese mismo periodo temporal de 25 años, tu dinero llegaría a valer más de un millón.

Entender el interés compuesto puede realmente ayudarte a construir riqueza a largo plazo.

Verás cómo construir tu patrimonio y al mismo tiempo te ayudará a limitar los altos pagos de interés. Entender este concepto beneficiará a tu economía. Cuanto antes se empiece mejor, ya que más tiempo tendrá el dinero para generar intereses.

030 Aprende sobre el valor del dinero en el tiempo

El valor del dinero en el tiempo, otro concepto esencial en cuanto a finanzas se refiere, se usa para cuantificar la oportunidad o las posibles rentabilidades que el interés hace que el dinero pueda generar con el tiempo[23]. Saber esto te ayudará a identificar el costo real cuando tomes una decisión sobre dinero.

El dinero puede crecer exponencialmente con el tiempo si tiene un buen precio. ¿El dinero tiene precio? Sí, eso dije. El precio del dinero es el interés al cual esté invertido o la tasa de interés a la cual crezca. Es decir, si hoy tienes $100, el valor de ese monto siempre dependerá del tiempo y no necesariamente será $100 dependiendo de su precio (interés). No importa en qué denominación esté el dinero (dólares, pesos, euros, etc.), solo te digo que tendrá un valor mayor en una fecha futura cuando gane interés, sobre todo si es interés compuesto. Asi mismo la inflación tiene el efecto opuesto haciendo que el dinero pierda su valor.

No te sientas solo si nunca has oído hablar del interés compuesto. Según un estudio realizado por *Value Penguin*, casi el 70% no sabe cómo explicarlo[24]. Cuando conozcas este concepto ya no verás más al dinero como un monto con su valor estancado, más bien verás un valor que puede crecer por las tasas de interés que gane (interés

---

[23] Shauna Carther Heyford, "Comprender el valor temporal del dinero" (*en inglés*), *Investopedia*, (23 mayo. 2022): disponible en https://www.investopedia. com/articles/03/082703.asp

[24] Kathleen Elkins, "La mayoría de los estadounidenses no entiende un término de dinero que puede ayudarlo a ahorrar cientos de miles de dólares" (*en inglés*), *CNBC* (12 feb. 2019): disponible en https://www.cnbc. com/2019/02/11/how-compound-interest-works-and-how-it-can-help-you-save-money.html

compuesto), además existe la posibilidad de que el poder adquisitivo cambie con el tiempo debido a la inflación.

031 Empieza a ahorrar e invertir de joven

Ahorrar e invertir desde joven solo tiene ventajas. Para empezar, te ayuda a adquirir el hábito de pagarte primero y no delegar tu futuro a nadie.

El interés compuesto es el truco de magia matemática que requiere cero cerebro y cero esfuerzo. Este se consigue invirtiendo en activos que paguen un nivel de interés o crezcan a una tasa de crecimiento anual. Cualquiera puede hacerlo.

Al invertir de joven, tendrás más tiempo para que tu dinero gane interés compuesto, o sea que tu dinero crecerá mucho más por el tiempo que estará invertido.

032 Siempre ten en cuenta la inflación

La inflación es la tasa de pérdida del valor del dinero en el tiempo (medida anualmente) y causa una subida continua de los precios de la mayor parte de los productos y servicios ¿Notas que los precios suben cada año? Esto es por la inflación. O sea la elevación sostenida de los precios tiene efectos negativos para la economía de un país y para nuestro bolsillo.

Las páginas de cualquier buen periódico o portal de noticias revelarán estas cifras, así como la página web del banco central (la Reserva Federal en los Estados Unidos). La mayoría de los bancos centrales reportan la inflación e incluyen una perspectiva histórica de esa información. Esta información es importante para saber el cambio en el costo de las cosas y así ver cuánto debe crecer tu dinero (interés o tasa igual o mayor que la inflación) para mantener su poder adquisitivo.

Al prever la tasa de inflación y observar sus proyecciones podrás visualizar cómo se erosionarán los ingresos reales, el tuyo, de los jubilados y de las personas de bajos ingresos. El no entender esto provoca un mal manejo del dinero.

033 Considera tu futuro financiero

Lo mejor es poner en la balanza la gratificación inmediata y los beneficios del ahorro para el futuro. Sé que la gratificación inmediata es mucho más divertida que ahorrar dinero para el porvenir, pero ¿qué sucede si llegas a vivir una larga vida? Piensa detenidamente en esto antes de comprar el iPhone más nuevo o comprar los mismos zapatos que usaron tus celebridades favoritas.

Una manera de lograr esa perspectiva es visualizar y escribir cuáles son tus deseos y necesidades y qué es lo que quieres para el futuro. Así irás delineando ese futuro financiero. Muchas cosas pueden cambiar, pero el solo hecho de conceptualizar ese porvenir te pondrá en el camino indicado para mejorar tu bienestar.

Por cada persona que se convence a sí misma de que morirá antes de tiempo y usa esto como una excusa para no ahorrar, hay una persona anciana que lucha por llegar a fin de mes y que desearía haber hecho las cosas de manera diferente cuando era joven. Siempre nos sentimos mal cuando vemos a una persona mayor trabajando en el comercio minorista o en la comida rápida. Puedes evitar que ese sea tu futuro pensando a largo plazo ahora.

034 Seguramente el consejo de tus progenitores sobre finanzas no fue el mejor

Estoy casi seguro que tus progenitores no sabían nada del concepto financiero del valor del dinero en el tiempo. Es muy probable que te hayan aconsejado que encuentres un buen empleo, que trabajes duro y que te asegures de que con tus ingresos puedas llevar una vida digna. Pero como no sabían nada del concepto del dinero en el tiempo, probablemente no te enseñaron nada sobre invertir para que tu dinero pueda convertirse en una fuente de ingresos en un futuro.

Hay muchas maneras de tener ingresos y el entender el valor del dinero en el tiempo te ayudará a pensar cuál es el mejor plan para conseguirlos. Tu empleo puede generarte ingresos, tu pasatiempo favorito puede convertirse en una fuente de ingresos, empezar un emprendimiento eventualmente te generará ingresos; sin embargo, la manera ideal de generar ingresos será invirtiendo y las inversiones crecen con el tiempo.

Cuanto antes comiences a invertir, menor será el esfuerzo de ahorro anual que tendrás que hacer. No obstante, el solo depender de un trabajo tiene como efecto retrasar el ingreso al mundo de las inversiones. En *U.S. News*, subrayan la importancia de invertir temprano y muestran el ejemplo de Jack, un joven de 25 años que invierte $200 al mes y ganará más de $50.000 cuando llegue a los 65 años. Jill, por otro lado, invierte la misma cantidad que Jack, pero comenzó diez años después y sólo alcanzará a ahorrar alrededor de $25,000 a los 65 años[25]. Sé que lo has escuchado un millón de veces, pero, efectivamente, el tiempo es oro. Literalmente.

---

[25] Coryanne Hicks, "9 gráficos que muestran por qué debería invertir hoy" (*en inglés*), *U.S. News* (23 julio. 2018): disponible en https://money.usnews. com/investing/investing-101/articles/2018-07-23/9-charts-showing-why-you-should-invest-today.

035 Ahorra e invierte aunque sea de a poquito

Un paso crucial para lograr bienestar financiero es ahorrar e invertir. Es ser previsor y pensar que tu prioridad eres tú.

La estabilidad, la seguridad y la independencia financiera no suceden por casualidad. Son el resultado de una intención. El pagarse a si mismo primero simplemente implica asegurar tu futuro ahora y lo puedes hacer de varias maneras. Puedes establecer una cuenta de jubilación, crear una reserva de emergencia o ahorrar para otras metas a corto o largo plazo, como comprar un inmueble. Si no lo vienes haciendo, puedes empezar a reducir algunos gastos y liberar algo de dinero que destines a ahorrar. Eso es ahorrar, ver cómo apartar dinero para ti y que no se vaya solo en gastos.

Si te propones ahorrar como una prioridad que debe pagarse de forma regular y hasta automatizada, ese acto se dará más fácil y te generará riquezas con el tiempo. Al tener esto como objetivo pondrás en marcha una manera de ver las cosas que será crucial para ahorrar con éxito. Pero debes hacer un trabajo interior y renunciar a viejas conductas perjudiciales para tu salud financiera. Repite: yo importo y voy a empezar a actuar con consecuencia.

036 La capitalización es cuestión de tiempo en el mercado bursátil

La clave para que una inversión bursátil (bolsa de valores) sea exitosa es invertir y luego seguir haciéndolo. Debes tirarte a la piscina (pileta, alberca). Solo así, la inversión se actualizará con el tiempo.

Abre una cuenta de corretaje para que puedas invertir en el mercado bursátil. Pero no te asustes, una cuenta de corretaje es fácil de abrir y administrar. Es "una cuenta de inversión que se utiliza para comprar y vender valores como acciones, bonos, fondos mutuos y ETFs[26]".

A corto plazo, tus contribuciones tendrán un mayor impacto que el rendimiento de la inversión, pero a largo plazo entrará en juego el extraordinario poder de la capitalización (interés compuesto), porque incluye los retornos de inversión y estos juegan un papel importante.

Al invertir en acciones en la bolsa de valores puedes lograr aumentar tus ahorros, proteger tu dinero de la inflación y hasta de los impuestos si es en una cuenta calificada y desgrabable de impuestos (IRA, Roth IRA, 401K). De esa forma, conseguirás maximizar los ingresos de tus inversiones y así es como harás crecer tu patrimonio.

037 Anualiza tus gastos

Si bien es bueno llevar una cuenta de gastos mensuales, casi nadie lo hace. Es tedioso y lleva tiempo. Es mejor ser realista contigo mismo que abandonar constantemente una meta que te propongas. Sin embargo, yo te recomiendo anotar tus gastos pero apuntando a conformar un registro anual. Tendrás que poner en papel (o mejor en una hoja de cálculo) todo lo que gastas por mes, pero no te preocupes, no lo tendrás que hacer todo el año.

El sistema es simple: toma una muestra de gastos durante un par de meses y después saca un promedio mensual. Luego lo multiplicas por 12 y así tendrás el estimado de tus gastos anuales.

Al hacer esto podrás planificar tus finanzas, porque sabrás adónde se irá tu dinero o en qué estarás gastando en un promedio de un

---

[26] Arielle O'Shea y Pamela de la Fuente, "¿Qué es una cuenta de corretaje y cómo abro una?" (*en inglés*), *Nerdwallet*, (16 marzo 2022): disponible en https://www. nerdwallet.com/article/investing/what-is-how-to-open-brokerage-account.

año. Aunque esto requiere un poco de trabajo, es solo una vez cada tanto y ayuda mucho. Hazlo de forma que sea una rutina para ti, pero asegúrate de hacerlo.

038 Empieza de a poco y piensa en grande

Todo sueño, todo proyecto, toda independencia financiera se logra, poco a poco, paso a paso.

En la propuesta que te estoy haciendo, te pondrás metas de corto, mediano y largo plazo en base a tus sueños y lo que valoras. La verdad es que las personas tienen mayores logros cuando establecen metas a corto plazo que corresponden a proyectos a largo plazo.

Piensa en un ejemplo: si te planteas la meta de perder peso, decirte a ti mismo que debes perder 50 libras parece estar fuera de tu alcance, pero si comienzas de a poco, digamos 5 o 10 libras, paso a paso te acercarás a alcanzar tu meta. Lo que tienes que hacer es traducir lo que más valoras en metas y esas metas en acciones. Sin acción no hay logro.

Cuando tengas esto en mente, sabrás que los pasos que estás efectuando te llevarán al bienestar financiero.

AUTOMATIZA TODO LO RELACIONADO AL DINERO

Existen herramientas clave para controlar y manejar tu dinero, pero nada tan simple y poderoso como automatizar todo lo que refiere a la administración del dinero. El ser humano es, en gran parte, una criatura de hábitos y muchas de sus acciones son un reflejo automático del entorno al que pertenece.

Entonces, ¿qué tal si haces que todos o casi todos los aspectos de tus finanzas funcionen de forma automática? Así no tomarás decisiones sobre tu economía en base solo a experiencias del pasado, sino que podrás definir tus pasos a seguir después de un concienzudo análisis de tus propios datos.

Ponte a pensar, si tu dinero se mueve de forma automática con moderación, sin privación y a tu provecho, no solo tendrás una nueva forma de vivir, sino realmente estarás construyendo un bienestar financiero sin tener que esforzarte demasiado. La tentación de volver a tus viejos hábitos de gastos podría estar todavía allí, pero nada para alimentarla. La automatización quitará lentamente la tentación y te dará respuestas.

039 Automatiza todo lo relacionado al manejo de tu dinero

Cuando las cosas se manejan de manera automática, todo es más fácil. No tienes ni que pensar. Este puede ser uno de los pasos más importantes en tu compromiso de mejorar el manejo de tu dinero.

No pienses que es complicado. Actualmente no es tan difícil poner en "piloto automático" todo o casi todo lo relacionado con el dinero en tu vida. Hoy en día casi todas las instituciones, empresas, bancos, casas de corretaje, etc. ofrecen muchas maneras de hacer que tu dinero se mueva automáticamente. Haz que la contribución mensual o semanal de tu salario se transfiera a una cuenta de inversión y estarás aportando a tu plan de jubilación sin que te tengas que ocupar de ello. Puedes hacer que todos tus pagos mensuales bancarios sean automáticos, como tus insumos, renta, hipoteca, etc.

Si bien los pagos y la automatización pueden ser muy beneficiosos, será necesario monitorear los extractos bancarios para asegurarte de que esto funcione bien y sea realmente útil. *Credit Karma* nos recuerda que el piloto automático puede causar gastos excesivos debido al pago mecánico que podríamos haber olvidado[27].

Al automatizar el pagarte a ti mismo (tu inversión) y pagar tus cuentas, mejorarás tu calificación crediticia y, sobre todo, estarás contribuyendo a tu patrimonio futuro. Hacerlo será un buen punto de partida para dejar de vivir gastando todo el dinero que ingresa en tu vida. Ya hemos incorporado la automatización a casi todos los procedimientos de nuestras vidas y ni sabemos que lo estamos haciendo, ¿por qué no hacer lo mismo con cosas que aporten a nuestro bienestar y patrimonio?

---

[27] Aja McClanahan, "Riesgos y recompensas del pago automático de facturas" (*en inglés*), *Credit Karma* (5 enero. 2021): disponible en https://www.creditkarma. com/advice/i/automatic-bill-payment.

040 Automatiza aportes a una reserva de emergencia (tu chaleco salvavidas)

Debes tener una reserva de emergencia para hacer que casi cualquier crisis sea solo una inconveniencia. Por ejemplo, si pierdes tu fuente de ingreso por la razón que sea, estarás cubierto por un tiempo. Imagina tener una emergencia médica inesperada que no estaba en tus planes. Muchos se quedaron sin trabajo durante la pandemia. Los que tenían un dinero reservado no se vieron tan afectados. Esto es una clave de seguridad financiera.

La manera más fácil de prevenir este tipo de contingencias es aportando un dinerito a una cuenta en un banco o institución financiera (por ejemplo, una cuenta de corretaje) de forma automática en instrumentos financieros conservadores. Nunca bajo tu colchón. Por ejemplo si ahorras $50 mensuales, estos depósitos automáticos se sumarán y serán $600 en un año y $3.000 después de cinco años, más los intereses que se habrán acumulado. Pronto podrás cubrir gastos inesperados sin ponerlos en tu tarjeta de crédito o tener que pedir un préstamo de alto interés.

Si no haces nada más que esto como consecuencia de leer este libro, a mediano plazo establecerás cierta seguridad financiera sin tener que pensarlo cada mes. Con eso te aseguras paz mental por un tiempo largo.

041 Automatiza el pago a tu *yo futuro*

Cuando te pagas a ti mismo primero en piloto automático estarás comprometido con tu *yo futuro*, tu jubilación, y libre de preocupaciones. Sentirás que te estás ocupando activamente de tu porvenir contribuyendo a tu fondo de retiro. Tu jubilación puede parecer que está muy lejos, pero llegará antes de que te des cuenta.

Para contribuir a tu *yo futuro* aprovecha la tecnología que te permitirá en cada período pagarte sin pensarlo. En la mayoría de los trabajos el empleador podrá deducir una cierta cantidad de tu cheque de pago semanal o mensual, dependiendo la frecuencia con que te paguen y transferirlo a una cuenta de jubilación o de ahorros (de inversión). Pregunta en tu trabajo, en la oficina de Recursos Humanos para obtener más detalles y programar los débitos automáticos.

Los ahorros e inversiones automáticas ayudarán a aumentar tu patrimonio de forma que tu saldo vaya aumentando por los intereses compuestos y el retorno de inversión. Así será más fácil resistirte a gastar el dinero en compras innecesarias o impulsivas y darás prioridad a tu *yo futuro* eliminando la ambigüedad y superando los obstáculos mentales que te impiden guardar fondos para tu futuro.

042 Automatiza tu aporte al plan para jubilación que ofrece tu empleador

Automatizar esta contribución al plan de jubilación 401(k), 403(b), 457 (programas patrocinados por empleadores), un Plan SIMPLE o SEP (programa para autónomos) al máximo porcentaje permitido de tu salario no solo te da una ventaja fiscal importante anual sino que, por lo general, te permite acceder a la contribución que el empleador aporta, que típicamente es entre el 3% al 6% o más de tu salario antes de descontar impuestos[28]. Este es dinero disponible para ti cuando ya no puedas trabajar ¿Leíste eso? ¡Dinero para ti y

---

[28] Jason Fernando, "Plan 401(k): la guía completa", Investopedia (19 jul. 2022): disponible en https://www.investopedia.com/terms/1/401kplan.asp.

antes de pagar impuestos! ¿Quién deja dinero gratis del cual pagarás impuestos cuando te jubiles a un porcentaje mucho más bajo?

Si no estás aprovechando esto, ve mañana mismo a la oficina de Recursos Humanos y pide que tu empleador te inscriba en esa deducción automática o averigua cómo inscribirte. Puedes empezar con un porcentaje de contribución módico y conforme puedas, aumentas ese porcentaje hasta el máximo permitido. El primer lugar en el que debes ahorrar e invertir aportando para tu jubilación, es en uno de estos planes ofrecidos por tu empleador. El límite de contribución en 2023 para un 401(k) libre de impuestos es de $22.500 y $7.500 más si tienes 50 años o más.

Esta es la manera más fácil y ventajosa de aportar a tu *yo futuro* y construir un patrimonio.

043 Automatiza tu aporte a una cuenta de jubilación individual

Hay dos tipos de cuentas donde puedes ahorrar (pagar a tu *yo futuro*) cada año, aparte de las que tu empleador puede ofrecer. Estas son: IRA (Cuenta de Jubilación Individual) si no tienes opción a una cuenta 401K de tu empleador y Roth IRA, sea o no que tengas una cuenta 401K. Puedes depositar hasta $6.500 en una cuenta IRA Roth para 2023 ($7.500 si tienes 50 años o más).

Si tu empleador no ofrece ninguna opción de plan de jubilación como el 401(k), no debes dejar pasar estas otras opciones. Recuerda: IRA y Roth IRA. Estos tipos de cuentas se abren mediante un intermediario o institución financiera donde podrás automatizar el proceso.

Usando estas buenas y ventajosas maneras de aportar a tu *yo futuro*, construirás un patrimonio seguro y efectivo. Todo el mundo quiere dinero rápido, pero muchos no piensan en cómo esto será una fuente de dinero rápido en el futuro.

TUS GASTOS Y TU SALVAVIDAS

Para tener tu dinero bajo tu control hay dos claves básicas y tradicionales que aplicar:

1. Controlar tus gastos.
2. Tener un chaleco salvavidas (una reserva de emergencia).

Creo que muchos de los que tratan de encontrar el mejor consejo financiero a seguir se topan con estos. Sin embargo, conozco gente a la que no le interesa que le hablen de su economía y eso siempre me asombra. Ya hicimos alusión a que muchos consideran el tema monetario tabú y desconfían de cualquiera que les hable sobre sus finanzas.

Pero estos son los consejos que daban y seguían mis abuelos. En sus épocas, ellos no tenían oportunidades de usar tecnología para automatizar el manejo de su dinero. Estas eran las normas por las que se regían y, aunque no todas las personas de su época fueran buenas en administrar su dinero, tenían muy claro que si no hacían estas dos cosas no saldrían a flote y nunca construirían un patrimonio. Esto no ha cambiado. Es más se ha complicado mucho más en nuestros días.

Según la *U.S. Bureau of Labor Statistics*, la independencia financiera está determinada por tres categorías principales de gastos: vivienda, alimentación y otros gastos de subsistencia. Para ser considerado financieramente independiente, al menos dos de estas tres principales categorías de gastos deben ser cubiertas en su totalidad o en parte, en un hogar.

Desde 2008 a 2018, por ejemplo, según la misma *U.S. Bureau of Labor Statistics,* los salarios en promedio se incrementaron un 9% en esos 10 años. Según la misma Oficina de Estadísticas Laborales, los gastos promedio de un hogar tuvieron un aumento de 18,9% en el transcurso de ese mismo tiempo. De esta forma observamos cómo los ingresos del hogar en promedio no se incrementaron a la par de los salarios. Si viéramos esos incrementos desde 1980, por ejemplo, los costos de los alimentos han aumentado en un 100%, la vivienda en un 250%, el cuidado de la salud en un 500% y la matrícula universitaria en un 1.000%, en promedio.

Incluso el *Congressional Research Service* publica en su reporte anual sobre ingresos cómo los salarios totales aumentaron en términos reales de 1980 a 2018 solo en los hogares con altos ingresos y casi nada en hogares con ingresos en la mitad de la distribución salarial y bajaron en términos reales en los hogares de la escala inferior. En resumidas cuentas, los gastos promedio de los hogares de la clase media y la de bajos recursos van aumentando mucho cada año, mientras que sus salarios se quedan estancados. Esta cuestión hace crecer la brecha de diferencias sociales entre clases altas, medias y bajas.

Es una dura realidad que el sistema no está funcionando para la gente de clase media y de bajos recursos que es la mayoría de la población hispana en territorio norteamericano. Por eso es crucial hacerse cargo y ayudarse a sí mismo. Es fácil enojarse y sentirse derrotado pero al final, ¿qué lograrás con esto? Observa los recursos que te rodean, toma los consejos en este libro y utilízalos a tu favor para hacer que el dinero trabaje para ti.

Por esta razón y por lo básico que es esto, empezaremos a hablar de los gastos y cómo hacer para que no ahoguen tu economía.

Tus gastos

044 Vive con lo que puedes vivir, no con lo que quisieras vivir

Este principio suena tan elemental y con sentido común, pero el 60% de la población[29] no lo sigue. Viven como si ganasen más. O sea, viven usando el crédito porque sus gastos exceden sus ingresos y no es que necesariamente no ganen lo suficiente. Entonces, ¿cuánto es suficiente? Ser consciente y llevar un registro de lo que necesitas para subsistir es la costumbre más sana para cuidar tu economía y es la base de todos los buenos hábitos financieros, como lo es comer sano y estar activo para tu cuerpo. Sin esto no hay cuerpo que pueda estar 100% sano a largo plazo. Sin un gasto controlado, no se puede construir un bienestar financiero.

Lo primero en este caso es saber cuánto ganas y luego restarle cada uno de los gastos que tienes al mes. Si llegas a un número negativo, entonces estás gastando demasiado. Visualizarlo puede hacer sonar una alarma dentro de ti de que ya es hora de cambiar tus hábitos. A veces solo necesitas hacer algunos cambios menores en tus cuentas

---

[29] De acuerdo con el informe de capacidad financiera de 2016 de *FINRA Investor Education Foundation*, en los Estados Unidos, el 60% de los habitantes gastan todo o más de sus ingresos y este porcentaje se ha mantenido relativamente constante desde 2009.

para que no quedes en negativo cada mes. Esto es más fácil decirlo que hacerlo, el tema es que es esencial para la economía personal lograrlo. Gastar más que nuestros ingresos solamente nos traerá tensión y mala salud porque fruto de esas preocupaciones emanan actitudes negativas y sentimientos de ansiedad.

Cuando vivas dentro de tus posibilidades tendrás paz mental, salud psíquica y seguridad en ti mismo y tus ahorros y acceso al crédito mejorarán.

045 Ten cuidado con ciertos hábitos

En sí los hábitos son parte de nuestra vida, sin ellos no sé cómo viviríamos, pero quizás haya algunos que no te estén ayudando. Aristóteles decía: "Somos lo que hacemos repetidamente. La excelencia, entonces, no es un acto sino un hábito."

A esos hábitos que no te ayudan, mejor evaluarlos. Cepillarse los dientes todos los días es un buen hábito, pero gastar en algo que no es tan indispensable, regular o frecuente, no lo es. ¿Qué hábitos tienes que son así? Por ejemplo, si gastas en una bebida llena de azúcar regularmente estarás restando de tu dinero disponible poco a poco y atentando contra tu salud (el azúcar no es lo mejor para tu organismo). Seguro hay uno que otro hábito así que puedes cambiar si lo piensas bien. Claro que habrá casos en que dejarlo te hará sentir mal, entonces probablemente sea un gasto que valga la pena ya que no se trata de vivir en la miseria, solo de reducir lo que gastamos y es innecesario.

El comportamiento es un gran componente de tu bienestar financiero y esto incluye romper hábitos. Jager (2003) encontró que muchas conductas están tan arraigadas dentro de nosotros, que se hacen casi sin pensar. Menciona que puede ser beneficioso alejarse de entornos y situaciones en los que sueles responder con malos hábitos a situaciones específicas para reducir el riesgo de que lo perpetues[30]. Si estás constantemente estresado por el dinero o te quejas de la falta de él pero no haces nada para cambiar tu comportamiento o tus gastos, evalúa tus hábitos. A Albert Einstein esto lo volvía loco. Él dijo: "La locura es hacer lo mismo una y otra vez y esperar un resultado diferente".

Al evaluar esos hábitos que no te aportan estarás dando el primer paso, no solo librándote de lo malo, sino evitando que tu dinero disminuya regularmente con el gasto hormiga. Todo control que hagas referido a tu economía contribuye a tu bienestar financiero.

046 Antes de hacer un gasto, piénsalo

Como se mencionó anteriormente: "Su patrimonio neto para el mundo generalmente está determinado por lo que queda después de que sus malos hábitos se restan de los buenos" (Benjamin Franklin). Sé que suena contraproducente pero siempre aconsejo tomarse unos diez segundos antes de hacer un gasto, pensarlo y preguntarse: ¿realmente es necesario esto que estoy por comprar?

Cada vez que vayas a realizar una compra, incluso cuando pagues una factura, detente durante diez segundos y pregúntate si esto es realmente algo en lo que deseas gastar tu dinero. ¿Realmente necesitas este artículo? ¿Realmente necesitas pagar $14,95 al mes por mensajes de texto ilimitados cuando usas tal vez $10? Piénsalo.

---

[30] Wander Jager, "Romper los malos hábitos: una perspectiva dinámica sobre la formación y el cambio de hábitos" (*en inglés*), *Human Decision-Making and Environmental Perception–Understanding and Assisting Human Decision-Making in Real Life Settings*. Liber Amicorum for Charles Vlek, Groningen: University of Groningen (2003).

047 Haz un presupuesto de vez en cuando

En sí, un presupuesto te muestra la realidad financiera que tienes o bajo la cual deberías vivir. Pero, ¿por qué no contar con una guía financiera así? Casi nadie sigue un presupuesto, por eso recomiendo hacer el ejercicio una vez para comprender los patrones de gastos con los que operas. Revisa el consejo 004: "Entiende el patrón que sigues con respecto al dinero" y empieza a ser sincero con tus gastos y contigo.

El presupuesto es la herramienta para decidir en qué quieres que tu dinero trabaje para ti. Haz una lista de todos los ingresos y egresos (gastos) que tienes por mes. Separa los gastos fijos y los gastos variables de cada mes. Al ver esto con tu familia (si eres padre o madre de familia), no querrás gastar más de lo que puedas pagar con tu sueldo y entradas particulares, de modo que tengas suficiente para tus gastos fijos y controles los gastos variables.

Al empezar a detallar tu presupuesto te será obvio ver por dónde puedes hacer cambios cuando sumes tus ingresos y restes tus gastos. Con esto ya comenzarás a tomar control de tu situación financiera, paso a paso, de mes en mes. Recuerda, Roma no se hizo en un día.

048 Haz que tu dinero siempre fluya a tu favor

Ver cuánto entra y sale solo en efectivo y dónde va a parar te mostrará cómo fluye el dinero en tu vida. Porque al final de todo, es ver qué te queda de lo que ganas, qué haces y qué logras con lo que llevas a casa de tus ingresos.

Para saber cómo fluye el dinero en tu vida hay una herramienta que se llama Flujo de Caja o Flujo de Efectivo. Esto te servirá a corto plazo aún más que un presupuesto[31]. Usa los estados de cuentas de tu banco ya que te da información de las entradas y salidas de tu dinero (tu flujo de efectivo), por ejemplo mensualmente. Los flujos de efectivo generalmente se ven como términos comerciales, pero no tienen que verse de esta manera. Tú, como individuo, también debes incorporar esto en tu vida.

El entender tu flujo de efectivo puede ayudarte a priorizar tus opciones financieras. A menudo te llevará a tomar medidas que disminuirán la cantidad de dinero que pagues o aumentarán la cantidad de dinero que ahorres cada mes. El pago de la deuda se convertirá en una gran prioridad porque eso significa la eliminación de pasivos.

049 Alquila, a menos que el costo mensual de compra sea menor

La vivienda es uno de los gastos más significativos ya sea como gasto anual o mensual, así que vale la pena que todos los costos que involucren su elección respondan al mejor rendimiento monetario posible. Por esto, ver qué vamos a hacer respecto a este tema debe venir de una reflexión profunda. Es mejor tomarte tu tiempo para tomar decisiones en cuanto a vivienda.

Evalúa dónde quieres vivir y el precio de compra del inmueble. ¿Cuánto puedes pagar? ¿Tienes para el pago inicial? ¿Cuánto tiempo vivirás en ese inmueble? Una vez que tienes idea de todo esto, puedes comparar con el costo de alquiler de una vivienda similar y si piensas

---

[31] Jevin Mahoney y Daphne Foreman, "Presupuesto personal: porque una gestión sólida del flujo de caja no es solo para pequeñas empresas" (*en inglés*), *Forbes Advisor* (21 diciembre 2021): disponible en https://www.forbes.com/advisor/banking/cash-flow-and-personal-budget/.

quedarte a vivir en ese inmueble mas de cinco a siete años, entonces comprar es una buena opción.

Caso contrario alquilar puede ser la mejor opción.

Al alquilar una vivienda tienes flexibilidad, tiempo para encontrar y escoger la mejor opción para adquirir una. Con calma y tiempo podrás tomar la mejor decisión para la acumulación de capital (parte de los pagos de una hipoteca) que contribuye a tu patrimonio.

050 Comprende tu conexión emocional con el dinero

Entender lo que desencadena tu comportamiento y tus actitudes de gasto te ayudará a formar hábitos financieros más saludables.

Existe una alta conexión de sentimientos con respecto a cómo creciste y cómo te relacionas con el dinero emocionalmente. Al poner esta conexión en una perspectiva de evaluación psicológica dejas de actuar en piloto automático. Ya no permites que las costumbres y tu comportamiento sigan la norma de siempre. Ahora puedes analizar, reflexionar y modificar conductas antiguas y perjudiciales.

Primero piensa en cómo creciste. En tu familia, tu hogar y la ciudad o pueblo. ¿Llevabas un estilo de vida muy caro? ¿Tu padre y madre trabajaban? ¿Tu padre o tu madre se dedicaba solo a las labores domésticas? ¿Tenías muchas cosas, ropa nueva, productos electrónicos y automóviles? ¿Tenías lo mismo que tus amigos en la escuela secundaria? Pues ya de adulto, ¿querías demostrar que podías pagar las cosas que siempre habías querido o, por lo contrario, creciste sintiéndote que había muchas cosas que te faltaban? Y ahora, ¿le das de todo a tus hijos o hijas? ¿Te has planteado qué harás cuando tengas responsabilidades serias a tu cuidado, tal como tu descendencia?

Tang (2016) realizó un estudio donde encontró un vínculo entre el comportamiento financiero de los adultos jóvenes y el comportamiento exhibido por sus progenitores.[32] Como adultos jóvenes, más allá de la infancia, estos individuos todavía imitaban el comportamiento de sus padres o sus madres. Lo que nos marca la importancia de reconocer los comportamientos problemáticos para romper el ciclo.

051 No compres todo lo que se cruza en tu camino, menos aún persigas marcas

Lo que consumimos refleja la identidad a la que nos asociamos según los sociólogos. Consumir es un fenómeno inherentemente social. Es un hecho que la publicidad y los medios sociales tienen mucha influencia en lo que deseamos y hacemos lo posible por adquirir. Martins (2019) encontró que la mayoría de los consumidores se guían por los anuncios que ven a través de sus teléfonos celulares creyendo que esos productos son confiables y útiles, lo que conduce a más compras[33].

Si consumes de manera diferente y no te dejas seducir por la publicidad tan fácilmente, podrás ahorrar más y velozmente. Mide las cosas que compras por su utilidad, su función y no por su marca o por lo que te hagan sentir o te dicen que te harán sentir. Las técnicas que usan los que mercadean productos y servicios parecen estar diseñadas para hacernos creer que las marcas reconocidas valen más. Lo que vale

---

[32] Ning Tang 2016, "De tal padre a tal hijo: ¿Cómo afecta el comportamiento financiero de los padres el comportamiento financiero de sus hijos?" (*en inglés*), *Journal of Consumer Affairs* 51: 284-311 (2): disponible en https://onlinelibrary.wiley.com/doi/abs/10.1111/joca.12122

[33] Martins, et al., "Cómo la publicidad en teléfonos inteligentes influye en la intención de compra de los consumidores" (*en inglés*), *Journal of Business Research* 94: 378-387 (19 enero 2019): disponible en https://doi.org/10.1016/j.jbusres.2017.12.047

más es la utilidad que eso tiene. Es hora de ser consciente de que estas fuerzas tienen mucho que ver con cuán consumista eres, para lo cual deberás revisar con profundidad tu actitud frente a lo que sientes cuando deseas comprar algo. Si realmente te comprometes a realizar cambios en tus actitudes, esto te ayudará a ser más selectivo con cómo consumes.

Al evaluar cuán útiles son las cosas, en vez de solo comprarlas por su marca o lo que te dicen de ellas, empezarás a consumir de forma diferente y verás que reducirás gastos. Eso contribuirá además a desarrollar actitudes que busquen la sostenibilidad y el cuidado del medio ambiente.

052 Ten cuidado con el consumismo

El consumismo se promueve con publicidad que está muy bien pensada y hecha para cautivar la parte de tu cerebro más primitiva, que es la reaccionaria, que capta y difunde los sentimientos y emociones. La publicidad no solo capta tu atención, sino que trabaja en la persona para quitarle aquellas inhibiciones que lo hacen dudar frente a algo que desea adquirir o que se les presenta como un producto irresistible.

En la medida de lo posible intenta evitar estar expuesto a la publicidad. Sé que está en todas partes (revistas, comerciales, televisión, redes sociales, la mayoría de los medios de comunicación y hasta en baños en muchos recintos), así que mejor cuida como te expones a ellos. Hay, aunque pocos, otros medios televisivos y radiales, sin comerciales como NPR y PBS.

Hoy en día es muy difícil eliminar por completo la publicidad en la vida moderna, pero cuanto menos expuesto estés a ella, menos tentación tendrás de gastar tu dinero en productos que no necesitas.

Menos publicidad significa más felicidad. Es así según un estudio realizado por Andrew Oswald de la Universidad de Warwick[34] en el que asegura que dejar de consumir publicidad contribuye a tu bienestar general.

053 Anualiza tus gastos

Tus gastos anualizados son una estimación de la suma de dinero que puedes gastar con respecto a tus ingresos en un periodo de un año.

Anualizas tus gastos calculando cantidades de menos de un año de datos, por lo que es solo una aproximación del ingreso total del año. Multiplica tus gastos mensuales por 12 para preparar tu presupuesto anual y así mantener la mira en que sean menores que tus ingresos anuales.

Anualizados tus gastos, serán útiles para crear presupuestos y realizar pagos estimados, pero lo más importante es que te ayudará a no gastar más de lo que ganas.

054 Asegúrate de tener buenos seguros

Las coberturas de seguro esenciales incluyen tu seguro de salud, de automóvil y tu seguro de propietario de vivienda. Estas coberturas de seguro te ayudarán a recuperarte económicamente en caso de que suceda algo inesperado, ya sean gastos médicos, un accidente automovilístico o daños en tu vivienda.

---

[34] Nicole Torres, "La publicidad nos hace infelices" (*en inglés*), *Harvard Business Review* (enero 2020): disponible en https://hbr.org/2020/01/advertising-makes-us-unhappy.

Los seguros son gastos recurrentes y vale la pena comparar los costos de seguro médico, de automóvil, de vivienda u otro, y lo que cubre. Asegúrate de estar cubierto adecuadamente y de tener una buena aseguradora con una buena calificación y reputación (puedes encontrar esta información en AM Best Rating). En el caso del seguro de automóvil, puedes reducir los costos. Hay dos caminos que puedes tomar, aunque algunos tomarán tiempo: puedes reducir el tipo de riesgo que eres para la aseguradora (la probabilidad de que presentes un reclamo) y puedes ser proactivo a la hora de solicitar descuentos y comparar precios. También cuenta tu historial de conducción, tu puntaje crediticio, el tipo de automóvil y la cobertura que quieres[35]. Es bueno ser proactivo a medida que las cosas cambian en tu vida. Ver si calificas para descuentos, por ejemplo para estudiantes, jubilados, alarma integrada en tu coche, etc.

Los seguros te brindan protección financiera en caso de que tengas una enfermedad grave, un accidente automovilístico o daños de propiedad en tu vivienda. Si sobreviene una crisis a causa de estas eventualidades no será una crisis si tienes la cobertura de seguro adecuada.

Tu salvavidas

Hace un tiempo leí un blog de una muchacha argentina con el seudónimo Sophia. Hablaba de varios temas compartiendo sus vivencias y buenas reflexiones. Me interesó un segmento donde formulaba la *teoría de los salvavidas y las profundidades*. En ella refería todo lo que una persona debe prepararse para afrontar las vicisitudes de la vida. Me encantó esta teoría en la que cada persona encuentra su salvavidas para mantenerse a flote cuando las cosas no marchan

---

[35] Glenn Curtis, "15 consejos e ideas para reducir los costos del seguro de automóvil" (*en inglés*), *Investopedia*, 14 (junio 2021): disponible en https://www.investopedia.com/articles/pf/08/car-insurance-costs.asp

bien, sin embargo creo que a su teoría le hacía falta un salvavidas económico que es aquel que te saca de apuros de dinero.

Es casi inevitable tener gastos inesperados de vez en cuando. Por eso no queda otra más que estar preparado y tener un *salvavidas financiero*, una reserva de emergencia para esos momentos, sobre todo si tienes una familia que depende de ti. En ese caso necesitarás un salvavidas que te salve. Piensa en que cuando tomas un vuelo en cualquier aerolínea comercial, el personal auxiliar de vuelo, sobrecargo o azafatas, te explica cómo ponerte el chaleco salvavidas en caso de emergencia. Si eres padre o madre de familia y viajas con niños o hay gente a tu alrededor que no puede hacer eso solo(a), tu instinto será ayudarles primero aunque no sea lo más práctico. Lo mejor será que tú te pongas el chaleco salvavidas primero y luego ayudes a quien desees. Siguiendo esta idea, lograr tener una reserva de emergencia adecuada es un hito que marcará la vía a cierta estabilidad financiera y, de esa forma, te ayudarás primero a ti mismo para después poder ayudar a los demás.

055 Establece tu reserva de emergencia o *chaleco salvavidas financiero* ¡ya!

Nunca sabes cuándo se presentará una emergencia financiera como tener gastos inesperados de salud, que se descomponga algún electrodoméstico y no haber considerado comprar uno nuevo todavía, tener que hacer un gasto de reparación de alto costo o perder tu empleo por X razón ¿Cómo pagarías tu hipoteca, el alquiler u otras facturas esenciales?

La cantidad ideal de esa reserva variará, pero es recomendable tener una igual a tu gasto fijo para tres a seis meses. Establece una cuenta segregada como tu reserva de emergencia y ese será el chaleco salvavidas que te auxiliará en tiempos difíciles. Irás depositando algo poco a poco, inclusive los puedes automatizar. Es más, debes automatizar estos depósitos. Ahorrar puede parecer difícil, especialmente si tu presupuesto es apretado, pero no necesitas aportar mucho dinero, solo haz depósitos consistentes y tu reserva de emergencia crecerá gradualmente.

Al tener este chaleco salvavidas o reserva de emergencia ya habrás hecho algo por tu salud financiera, como salvaguardar tu futuro de cualquier eventualidad económica.

056 Una reserva de emergencia es imprescindible

La reserva de emergencia puede actuar como un tipo de póliza de seguro financiero durante un momento de necesidad en lugar de tener que depender de préstamos de altos intereses o peor aun cubrir gastos inesperados con una tarjeta de crédito.

La estabilidad financiera no se logra a prueba y error, requiere pensar en prevenir lo imprevisible. Esto haces al tener una reserva de emergencia.

Desafortunadamente, algunas personas son demasiado confiadas y subestiman la importancia de una reserva de emergencia. Lee y Hannah (2022) realizaron un estudio al respecto y descubrieron que "la relación negativa entre el exceso de confianza y la proporción del fondo de emergencia sugiere que algunas personas podrían estar equivocadas en sus percepciones sobre la cantidad de reserva de emergencia necesaria.[36]"

---

[36] Lee, S. T. y Hanna S. D., "¿Qué me preocupa? Exceso de confianza en el conocimiento financiero y la percepción de las necesidades de fondos de emergencia" (*en inglés*), *Journal of Financial Counseling and Planning, 33*(1), 140-155: disponible en doi:https://doi.org/10.1891/JFCP-2021-0045

Llegado este punto, ¿quieres parecer indiferente o estar realmente protegido cuando surja una emergencia? A nadie le gusta el exceso de confianza, especialmente en este caso, cuando sería perjudicial.

Cuando logres tener una reserva de emergencia, estarás tomando consciencia de los riesgos vigentes que nos rodean y los que ni se nos imagina puedan pasar. Además, pasarás a establecer tu estabilidad financiera. ¿Qué crees? Pues, obtendrás cierta tranquilidad mental con el tema dinero.

057 La reserva de emergencia tiene el fin de brindar seguridad, no rentabilidad

Cuando establezcas tu reserva de emergencia, considérala como una provisión para ti y tu familia. Es un seguro, como el seguro de salud en caso de enfermedad o el seguro de automóvil para estar cubierto en caso de accidentes. Una reserva de emergencia te será útil si sucede algo inesperado.

Y, ¿cómo la llevamos a cabo? Deberás hacerlo de manera que mantengas dinero en una cuenta separada de tus cuentas corrientes y de ahorro. Mejor aún, mantenla en un banco o institución financiera completamente diferente, así reduces la tentación de recurrir a ella. Si la ubicas fuera de tu vista y mente, allí estará cuando realmente la necesites.

Después de eso, podrías colocar fondos adicionales en instrumentos de bajo riesgo y alta liquidez, como una cuenta bancaria que paga intereses (como cuentas del mercado monetario, *Money Market*) y no necesariamente un certificado de depósito (CD) ya que este no tiene liquidez inmediata. Sé astuto y establece tu reserva de emergencia en instrumentos con alta liquidez, de lo contrario te llevará días liquidar cualquier posición para recibir el dinero.

Tener cierta seguridad da tranquilidad y esto no tiene precio. Con una reserva de emergencia establecida puedes evitar serios problemas financieros más adelante. De esta manera, no te maldecirás más tarde por no haber tomado medidas hoy. Ayúdate a ti mismo.

058 Aunque te tome meses o incluso años, aporta a una reserva de emergencia hasta que sea adecuada

La pandemia de COVID-19 ya ha sido una gran alerta de lo importante que es tener un fondo de reserva para emergencias. La profesora de Economía e investigadora, Robin Henager, afirmó que uno de sus dos consejos durante la pandemia fue crear una reserva de emergencia[37]. Su importancia es primordial. La capacidad de estar preparado para enfrentar un problema antes de que se convierta en una emergencia te asegurará un bienestar económico a largo plazo.

Determina un objetivo sobre qué cantidad querrás tener de reserva de emergencia. Primero con metas pequeñas y gradualmente irás depositando más dinero hasta alcanzar tu objetivo. Pon tu reserva en un lugar accesible, ya sea una cuenta bancaria o de corretaje y sigue tu plan.

Algunas de estas estrategias te servirán para:

a. Establecer deducciones automáticas de tu salario o pago que se depositen en una cuenta de ahorros. Por ejemplo, si solo aportas $25 por pago salarial semanal, habrás ahorrado $1.000 en menos de un año.

---

[37] Robin Henager, "Pandemia un poderoso recordatorio: que los hogares necesitan un fondo de emergencia" (*en inglés*), *Phi Kappa Phi forum 100.3* (2020): 17–17. Print.

b. Poner al menos la mitad de tu reembolso de impuestos en tu reserva de emergencia.

c. Hacer lo mismo con cualquier bono que consigas en el trabajo.

d. Recortar tus gastos un poquito y poner ese dinero en tu fondo de emergencia cada mes.

e. Redondear el costo de cada compra que hagas y depositar la diferencia en tu fondo. Por ejemplo, si gastas $37,29, aporta $2,71 y así habrás redondeado el gasto a $40,00. Muchos bancos ofrecen programas que lo hacen automáticamente cuando usas tu tarjeta de débito. Harás esta reserva de emergencia aún más grande con cada transacción de este tipo.

Así, una emergencia se puede convertir en solo una inconveniencia. Aparte que una de las pruebas para lograr estabilidad con tus finanzas es tener una reserva de emergencia.

MANEJA Y ELIMINA TU DEUDA

En la Biblia hay un versículo que dice "...los deudores son esclavos de sus acreedores" (Proverbios 22:7). Viendo que el 80% de la población estadounidense tiene deudas[38], no es difícil concluir que el norteamericano promedio es esclavo de sus deudas y en un porcentaje altísimo. Pensemos que esto significa que de diez individuos, ocho de ellos están atrapados en las cadenas del endeudamiento.

¿Y los hispanos? Si consideramos la brecha que hay en el nivel patrimonial que típicamente tiene la población promedio con la de los hogares latinos, tomando como referencia la falta de activos más que a los niveles de deuda, podemos deducir que no es diferente y quizás hasta el porcentaje sea mayor.

---

[38] Nitro, una plataforma que ofrece asistencia y asesoramiento sobre las finanzas universitarias tiene resultados de encuestas que realiza que muestran que el 80,9% de los *baby boomers* están actualmente endeudados, en comparación con el 79,9% de *Gen X* y el 81,5% de los *millennials*. Disponible en https://www.nitrocollege.com/research/details-of-debt

059 Piensa en el papel que quieres que juegue la deuda en tu vida

La deuda tiende a tener impacto en la vida de una persona ya que si su proporción es alta afecta negativamente la calificación creditícia y dificulta que se obtengan ciertos tipos de crédito. Pensemos que la calificación crediticia positiva nos ayudará a tener acceso a una mejor línea de crédito o préstamo y por lo tanto es determinante para poder comprar la casa de tus sueños e incluso alquilar un apartamento. Lo peor de todo es que la deuda también puede afectar significativamente tu salud mental.

Es hora de tratar la deuda de forma diferente. Hay deuda buena y deuda mala. La primera eventualmente te brindará beneficios económicos. Es decir, mejorará tu patrimonio neto como cuando aumenta el valor de la propiedad que financiaste. Un ejemplo de buena deuda es la deuda educativa o los préstamos estudiantiles, hasta cierto punto. Según el sitio web del Seguro Social, los hombres con un título universitario ganan hasta $900.000 más que los hombres sin título universitario y las mujeres ganan hasta $630.000 más que las mujeres sin título[39].

La deuda mala es a la que debes renunciar. Por ejemplo deber dinero a tarjetas de crédito para siempre es uno de esos malos hábitos a los que nos referíamos que debemos eliminar. Comprométete a pagar su saldo cada mes. No estés financiando grandes compras a menos que haga crecer tu patrimonio y puedas hacerlo de manera responsable.

Es posible que tus padre o madre te hayan asustado cuando eras niño(a) acerca de la horrible naturaleza de las deudas. Esto es

---

[39] "Investigación, estadísticas y análisis de políticas: educación y ganancias de por vida" (*en inglés*), *Social Security Administration*: disponible en https://www.ssa.gov/policy/docs/research-summaries/education-earnings.html

parcialmente cierto. Piensa para ti mismo: ¿el dinero que debo, me va a llevar a tener más dinero en cinco o diez años? Estar libre de deudas no significa necesariamente no tenerlas, sino más bien, tener el tipo de deuda adecuada que podemos pagar. La buena deuda es la que termina aportando a que aumente tu patrimonio.

060 Familiarízate con las deudas que tienes y entérate cómo funcionan

De alguna manera llegaste a estar en deuda y eso pasó poco a poco. Salir de esa deuda no será fácil y tampoco sucederá de la noche a la mañana, pero no es imposible.

Todo lo que necesitas es un plan: pagarla y no aumentarla.

Tómate un tiempo para hacer una lista de toda la información de tu deuda, préstamo por préstamo en una hoja de cálculo o de apuntes. Incluye información sobre los términos de los préstamos, como sus balances, las tasas de interés, los pagos mensuales y cuánto tiempo te queda para acabar de pagar cada uno. Empieza por la deuda más manejable. Comenzar con la deuda más fácil de liquidar y avanzar hacia arriba se llama "método de la bola de nieve". Se ha encontrado que esto es muy efectivo para ayudar en la motivación y la formación de buenos hábitos que te ayudarán a largo plazo[40]. Págala en mayor proporción, es decir, de todos tus préstamos escoge la que tenga el balance más bajo para terminar de pagarla primero y cuando termines, celebra esa pequeña victoria. Es más, puedes automatizar los pagos y mientras no aumentes tu deuda, irá desapareciendo.

---

[40] Evan McAllisan, "Oportunidad de una bola de nieve: bola de nieve de deuda versus avalancha de deuda" (*en inglés*), *James Madison University*, (2018): disponible en https://commons.lib.jmu.edu/cgi/viewcontent.cgi?article=1672 &context=honors201019.

Piensa que estás subiendo un edificio por las escaleras, lo haces, paulatinamente, piso por piso, préstamo por préstamo.

Si tomas la decisión de salir de deudas y aplicas lo mencionado, estarás empezando a cambiar tu vida y llegarás a tener control de tus finanzas para siempre (si no aumentas más la deuda, por supuesto).

061 No tengas muchas tarjetas de crédito y sé prudente en su uso

Las tarjetas de crédito son buenas para ofrecerte conveniencia y hasta beneficios, pero son horribles para ser tu prestamista. Pagar intereses de tarjetas de crédito es una locura y es mejor evitar eso.

Si tienes deudas en tus tarjetas de crédito trabaja en salir de ellas y te sentirás increíble, solo quédate con la tarjeta más conveniente. Si mantienes varias tarjetas de crédito es probable que vuelvas a endeudarte nuevamente. Quédate con la de mejor calidad, la de un banco acreditado, con el interés más bajo posible y que te dé algún beneficio como puntos o efectivo. Solo así tu tarjeta de crédito trabajará para ti y no tú para mantenerla. Cierra las cuentas que no cumplan con esos requisitos y nunca uses una tarjeta como tu reserva de emergencia. Si tienes tarjetas de crédito, solo úsalas para lo que sirven bien a tu conveniencia y paga su balance pronto, antes de que pasen 25 días (muchas tarjetas calculan el interés que cobran cada 25 días). Según FICO, una agencia confiable de informes de crédito, las personas con puntajes de crédito superiores a 800, una calificación crediticia excelente, tienen un promedio de no más de tres tarjetas de crédito abiertas[41].

---

[41] Yoni Blumberg, "Esta es la cantidad de tarjetas de crédito que tienen las personas con excelentes puntajes de crédito" (*en inglés*), *CNBC*, (17 jul. 2018): disponible en https://www.cnbc.com/2018/07/11/how-many-credit-cards-should-you-have.html.

Al tener una tarjeta de crédito con un balance manejable que pagues cada mes, limitarás la cantidad de dinero que desperdicias en intereses. Además podrás planificar las compras más grandes y asegurarte de que estás utilizando tu dinero para las cosas más importantes. Por último, tu puntaje de calificación crediticia reflejará positivamente tu capacidad para pagar deudas de manera efectiva. El hecho de que tu tarjeta de crédito tenga un límite de $10.000 no significa que debas cargarla y vivir fuera de tus posibilidades. Aunque las tarjetas de crédito sean diferentes, debes usarlas de manera similar al efectivo. No puedes pagar cosas con dinero en efectivo que no tienes.

062 Solo préstate el dinero que debas usar y no más

El pasivo, la deuda, tiene un costo y sin un buen manejo, crece rápidamente (recuerda el consejo 029). Por ello es mejor incrementar la deuda solo lo que necesitas y de manera eficiente.

Para manejar la deuda de forma eficiente, primero debes desarrollar un presupuesto para estar al tanto de tus gastos, pagar tus facturas en su totalidad y a tiempo, revisarlas con cuidado cada mes y pagar primero tus deudas con intereses altos. Luego, reducir la cantidad de tarjetas de crédito que tienes. También puedes buscar las mejores tasas de interés y consolidar tus deudas en números que puedas pagar. Piensa realmente en tus deseos y necesidades para minimizar el gasto y liquidar tu deuda.

Al minimizar el nivel de deuda que cargas mejorarás tu calificación crediticia y lo mejor de todo es que te sentirás más en control de tus finanzas.

063 Mejor no dejar que la deuda crezca sin tu intervención

La deuda puede ser como un torrente que no para de crecer hasta convertirse en un río. Debes tener en cuenta que muchas veces lo hace desapercibidamente. Si simplemente estás financiando un estilo de vida a corto plazo, en unos años solo te quedará más deuda que crecerá a un interés compuesto que será un número mucho más considerable de lo que gastaste.

La idea es hacer cambios sin alterar la calidad de tu vida. Hacer cosas significativas y vivir la vida que quieres sin deudas o con poca y bajo control. Primero, líbrate de la idea de que hay un montón de cosas que necesitas para tener calidad de vida. Luego, aplica un plan de pago de tus deudas empezando hoy. Lo que menos quieres, después de unos años, es una casa o departamento lleno de cosas inservibles que compraste con crédito y te agobia por las deudas. Piensa en la jerarquía de necesidades de Maslow (supervivencia física, seguridad, necesidades sociales, necesidades de estima y autorealización): no hay una jerarquía diferente para distintos tipos de personas, en gran medida, todos tenemos necesidades muy similares o las mismas. Concéntrate en saber cuáles son y deja de gastar tu dinero en productos innecesarios. Recupera el control de ti mismo.

Al no tener deudas o tener solo una mínima, estarás manejando tu vida de manera inteligente y así no te sentirás oprimido por un ciclo interminable de pagos de deudas que te atan a horas interminables de trabajo y que te restan en felicidad. Empezarás a vivir tu vida de una manera que promueve tu libertad y no de una manera que incentiva tu consumismo. Puedes enfocarte en impulsar experiencias memorables, en vez de olvidables que simplemente agotan tu billetera.

064 Ten un plan para librarte de las deudas que tienes

En cuestión de deudas, un sistema metódico que responda a un plan prefigurado, es lo más efectivo para librarte de ellas.

Tu plan tendrá como objetivo principal acelerar los pagos de tus deudas. Haz una lista de tus deudas de la más pequeña a la más grande. Haz los pagos que siempre haces con todas ellas, excepto la más pequeña. A esa le harás pagos más grandes o extras hasta que la termines pagando pronto y te muevas a la siguiente y así con la que sigue hasta que termines de pagarlas. Una manera alternativa sería pagar la deuda que tiene el interés más alto, ya que tiende a ser más efectivo y psicológicamente más motivador. De esa forma, te irás desprendiendo de todas tus deudas, de la más pequeña a la más grande[42].

Esta manera de hacer pagos de tus deudas acelera el proceso. Te ayudará a pagarlas más rápido y ahorrarte intereses. Una vez que hayas pagado tus deudas no querrás volver a endeudarte nuevamente.

065 Cambia la manera en que gastas, sobre todo minimiza el uso del crédito

Cuando compras cosas a crédito estás pagando con intereses y con el dinero que ganarás en el futuro. Las deudas pueden parecer un tema fácil, pero no lo es cuando te quieres librar de ella. Comprar algo con crédito es prometerle a otra persona tu dinero futuro, con el interés que estás pagando. ¿Qué tipo de vida es esa, si estás atrapado en este ciclo? Necesitas tener un plan para evitar eso.

---

[42] Ve consejo 040.

Una manera efectiva de librarte de hacer compras y adquisiciones, es hacer un cambio mental de la manera en la que gastas. Todo lo que compras pertenece a una de dos categorías: algo necesario o innecesario. Hay muchas cosas innecesarias que compramos solo porque usando crédito es muy fácil.

Clasifica todos tus egresos de dinero en dos categorías: necesarias o innecesarias.

Una manera de hacer eso es seguir un presupuesto, sin olvidar estar preparado para emergencias inesperadas. Recuerda esto: en tu presupuesto, debes establecer el objetivo de ahorrar para una reserva de emergencia que tenga suficiente dinero para cubrir de tres a seis meses de gastos de subsistencia.

Cuando tengas este dinero a un lado, con suerte no te verás con la obligación a pedir dinero prestado, incluso si tienes una pérdida de trabajo o una emergencia médica importante. Tendrás el dinero para cubrir costos grandes y pequeños y podrás permanecer libre de deudas.

INVIERTE, ¿SINO PARA QUÉ AHORRAS?

"¿Cuántos millonarios conoces que se han vuelto ricos invirtiendo en cuentas de ahorro? He dicho". Robert G. Allen

Cuando se trata del tema de inversiones, a mucha gente se le viene a la mente las palabras intimidante, abrumador y hasta pavoroso. Esto tiene mucho que ver con el hecho de que el mercado bursátil es muy vasto, presenta riesgos y es complejo. Sobre todo para la persona que no se dedica a esto día a día. Además, mucha gente termina especulando en el mercado bursátil, pero le faltan conocimientos, ya que realmente no saben cómo funciona, cómo se valoran las acciones ni cómo se mitiga el factor riesgo. Alguien así no basa sus decisiones en análisis ni hechos reales y menos podrá estimar el valor de las acciones.

Sin embargo, invertir es la mejor manera de construir patrimonio. No conozco personas que hayan logrado riqueza solo depositando en cuentas de ahorro. A largo plazo invertir en una cartera conformada de acciones e instrumentos de renta fija será más rentable que los ingresos de tu trabajo. Además, un día ya no podrás trabajar o querrás dejar de depender de un solo ingreso.

066 No sigas el consejo de tus progenitores en cuanto a inversiones

La mayoría de los padres y madres aconsejan a sus hijos e hijas que se preparen para un día tener un trabajo que pague bien y que les permita ahorrar. Generalmente no les sugieren invertir porque no conocen el mundo bursátil. Si ese fuese el mejor consejo, la mayoría de la gente no sufriría tanto a causa del dinero.

Crecemos con muchas ideas y sobre todo con conceptos que nuestros progenitores nos inculcaron desde niños. Tus progenitores, seguro tendrían las mejores intenciones, pero si no te aconsejaron cómo lograr independencia financiera, realmente no te ayudaron. Está comprobado que los latinos son uno de los grupos demográficos que no invierten en la bolsa de valores y esto puede deberse a que padres y madres les enseñaron aversión al riesgo[43]. Por lo que te sugiero: olvida esos consejos, edúcate financieramente y no descartes algo que no conoces por miedo. Entonces, primero establece tu objetivo de invertir a largo plazo y mantén tu mirada en él. Aprovecharás el poder del interés compuesto y no te dejarás tentar por las distracciones que presenta el mercado bursátil.

Al invertir en la bolsa de valores, tendrás la oportunidad de hacer crecer tu dinero. Con el tiempo, tus inversiones incrementarán su valor, pese a que los precios de las acciones individuales aumenten y disminuyan diariamente. Recuerda que tu padre y tu madre vivieron en un tiempo diferente, en el que acceder a inversiones en la bolsa de valores era casi imposible si no tenías una alta liquidez. Hoy en día, cualquiera puede acceder a eso gracias a la tecnología.

---

[43] Michelle Fox, "A medida que crece el interés en invertir, las personas de color aún se quedan atrás, según una encuesta de CNBC" (*en inglés*), *CNBC*, (23 agosto 2021): disponible en https://www.cnbc.com/2021/08/23/as-interest-in-investing-grows-people-of-color-still-lag-behind-cnbc-survey-finds.html.

067 La mejor inversión es en ti mismo

El bienestar financiero está muy ligado a tu crecimiento tanto personal como profesional. Y la educación, es una inversión esencial a lo largo de tu vida laboral.

Edúcate en temas del mercado bursátil y las tendencias de empleo, ya que tu fortaleza será adaptarte a las transiciones laborales y profesionales. El aprendizaje, sumado a los errores que cometas, te harán crecer. Dedica parte de tu tiempo a capacitarte en el trabajo, seguir cursos y programas de aprendizaje. Hay muchas opciones en universidades, escuelas técnicas y programas patrocinados por tu empleador.

Si te informas sobre temas de economía general, serás un mejor inversor. También, desarrollando nuevas habilidades y perfeccionando las que ya tienes.

068 Empieza a ahorrar dinero y conviértelo en un hábito

El mejor hábito es el que contribuye a tu bienestar y ahorrar dinero es parte de *pagarse primero*, algo que debe estar alineado con tus sueños.

Sistematizar tu ahorro facilitará su crecimiento. Haz que tu dinero se transfiera automáticamente y eso te garantizará que contribuyes a tus ahorros. No hay mayor secreto. Lo puedes hacer de muchas maneras: puedes esperar hasta el final del mes y cualquier dinero que no hayas gastado, agregarlo a tu cuenta de ahorros, puedes fijar una cantidad que deposites habitualmente o tan pronto como recibas tu cheque de pago, colocar una cantidad fija o un porcentaje de tu dinero directamente en tu cuenta.

También puedes aportar a tu economía futura cuando tengas una gran suma de dinero, haciendo que tu empleador contribuya a tu cuenta directamente o hasta inclusive utilizar servicios de ahorros. Estos ofrecen reinversiones de dividendos a través de un DRIP, abreviatura de plan de reinversión de dividendos. Lo más simple será siempre depositar dinero en tu cuenta de ahorros antes de gastar en otra cosa.

El beneficio de automatizar contribuciones a una cuenta de ahorros se alineará con tus objetivos ya que de estos derivan tus sueños. Si este hábito no está alineado con tus sueños, entonces tienes que cambiar tus hábitos o tus sueños.

069 Quítate ese miedo a invertir en la bolsa

Invertir puede parecer algo difícil y hasta aterrador. Como si requiriera de altos conocimientos de finanzas y matemáticas y ni qué decir del vocabulario que quizás no entiendas. Todo esto no es más que un mito.

Aprender a invertir es como aprender un idioma, una técnica o un proceso. Tú ya tienes la habilidad y quizás solo por creer en ese mito no te lo has permitido. En sí, es la ignorancia la que engendra el miedo y ese miedo se disipará conforme vayas aprendiendo del tema. Puede parecer inaccesible pero no lo es. Es posible para todos aquellos que quieran adentrarse en él.

Hoy en día hay muchas plataformas en línea que hacen este proceso bastante fácil (por ejemplo: M1, Acorns, E-Trade) y puedes hacerlo desde tu teléfono móvil. Si empiezas con una cantidad pequeña, desde US$25, no estarás arriesgando mucho, pero podrás empezar a aprender y de eso se trata al principio. Además, las plataformas ofrecen formas de ejecutar tus inversiones de forma fácil y por el nivel de riesgo que estés dispuesto a asumir.

Lo mejor de esto es que la tecnología te permite aprender de forma fácil sin tener que ahondar en hacer análisis financieros. Estos ya vienen hechos, sin necesidad de hacer cálculos o estadísticas que te resten tiempo o que se presenten inentendibles.

070 Invierte en conocimiento y aprende a invertir

Hay dos tipos de inversión en tu vida, una en tu conocimiento y la otra para construir tu capital o patrimonio.

Hoy en día hay muchas maneras accesibles de aprender nuevas técnicas, incorporar nuevas tecnologías, mejorar nuestras habilidades y adquirir nuevas capacidades. Obviamente, también se puede aprender a invertir.

Si lo piensas, este aprendizaje es la mejor inversión con mejor rendimiento para el futuro.

071 Para invertir tienes que saber qué nivel de riesgo puedes tolerar

Saber el nivel de riesgo que puedes asumir te ayudará a determinar qué clases de activos elegirás para tu cartera de inversión. Así solo arriesgas lo indicado de acuerdo a tu edad, patrimonio y situación laboral.

Aunque hay varias maneras de determinar el riesgo adecuado para cada inversor, una manera simple es tomar en cuenta la etapa en la que estás en tu vida. Siendo más joven puedes ser un inversionista agresivo ya que comúnmente cuando más joven, mayor tolerancia al riesgo se tiene. Es habitual que se esté dispuesto a arriesgar más dinero por la posibilidad de mejores rendimientos, aunque nada está garantizado. A mayor edad debes tener más cautela con lo que arriesgas ya que te queda menos tiempo para recuperar tu capital.

La calificadora de riesgo y de inversiones *Morningstar*[44], recomienda hacer una evaluación de la capacidad de riesgo en base a los valores que se ajusten al horizonte de tiempo que un individuo tiene. Este es el proceso esencial para la construcción de una cartera de inversiones. Ve bien esto con la institución que gestione tus inversiones y te ayude a evaluarlo o usa los índices que calcula *Morningstar* para este fin[45].

Al evaluar el nivel de riesgo que puedes tolerar, podrás disminuir este en tus inversiones, diversificando tu cartera en función de tus objetivos financieros.

072 El secreto para gestionar óptimamente las inversiones es diversificar

Al evaluar el nivel de riesgo que puedes tolerar, podrás disminuirlo en tus inversiones. La idea es no tener todos tus activos de inversión en una sola clase de activos. Ya hay fondos que replican la diversidad del mercado bursátil. Claro que puedes invertir directamente en acciones siguiendo esta estrategia tú mismo, pero si eres novato invirtiendo, mejor empieza con fondos indexados que son ya diversificados en

---

[44] "¿Está su tolerancia al riesgo en guerra con su capacidad de riesgo?" (en inglés), *Morningstar*: artículo disponible en https://www.morningstar.com/articles/753636/is-your-risk-tolerance-at-war-with-your-risk-capacity

[45] Resumen de asignación vitalicia de *Morningstar*: disponible en https://indexes.morningstar.com/resources/PDF/Brochures and Fact Sheets/Morningstar_Lifetime_Allocation_Summary.pdf

muchas clases de activos. Un tipo de fondos son los ETFs (*Exchange Traded Funds*) o fondos negociables en bolsa.

Una cartera diversificada de acuerdo a tu tolerancia de riesgo tiende a dar el mejor rendimiento a largo plazo y la diversificación es, efectivamente, un componente fundamental de la estrategia de inversión.

073 **Una vez que estés siguiendo un plan de inversión revísalo una vez al año y rectifica si es necesario**

Como toda estrategia a largo plazo, en inversiones se debe calibrar y evaluar periódicamente. Sino, ¿cómo sabes si está funcionando?

Mejor seguir un plan y esto es como traer el futuro al presente para que puedas hacer algo al respecto ahora. Si quieres lograr tu bienestar financiero, necesitas evaluar tu estrategia, al menos anualmente y hacer las modificaciones necesarias. En materia financiera, se sabe que los inversionistas que siguen esto llevan la ventaja a través del tiempo.

074 **Construye tu fondo de jubilación invirtiendo en la bolsa**

Un fondo de jubilación tomará tiempo en rendir beneficios, pero, históricamente, las acciones o fondos que invierten en acciones han producido ganancias a largo plazo y estas son mayores que las de cualquier otra clase de activos.

Para tener un fondo de jubilación en los Estados Unidos hay varias opciones, como tener una cuenta individual de retiro IRA (*Individual Retirement Accounts*) o una cuenta de retiro Roth (*Roth IRA)*. También es probable que tu empleador ofrezca un plan de ahorro para la jubilación, como pueden ser los planes 401K, 403b y otros.

Estas opciones te permitirán ir aportando y, sobre todo, invirtiendo en el mercado bursátil. Asimismo, podrás aprovechar las ventajas fiscales que se te ofrecen pudiendo eximir cantidades específicas anuales de la cantidad base por la cual pagas impuestos.

075 Invierte en fondos para tu jubilación con fecha objetivo

Si no quieres o por ahora no puedes dedicar tiempo a aprender sobre inversiones, la mejor opción es invertir en un fondo de jubilación con fecha objetivo.

Hay muchos fondos mutuos y ETF (*Exchange Traded Fund*, por sus siglas en inglés) que se especializan en gestionar fondos con fecha objetivo, que es el año cuando te jubiles y estés listo para acceder a él (es una asignación vitalicia). Por ejemplo el objetivo sería llegar a los 67 años de vida, que será cuando te corresponda retirarte.

Al invertir en un fondo o ETF con fecha objetivo, estás automatizando los tres consejos anteriores y no tendrás que estar reequilibrando tu cartera de inversión cada año. El fondo hará eso sistemáticamente.

076 Desarrolla la habilidad de elegir el tipo correcto de inversión que mejor se adapte a tus metas financieras

En los Estados Unidos hay miles de instrumentos financieros en los cuales se puede invertir, así que es mejor tener un conocimiento básico sobre inversión y con el tiempo podrás evaluar las que son más adecuadas para tu perfil financiero.

Si quieres obtener experiencia real en inversión, en vez de usar un fondo con fecha objetivo, puedes considerar un fondo de cotización ETF, ya sea en activos de empresas, de renta fija o un fondo indexado que sea diversificado. Eventualmente podrás hasta invertir en empresas estables que pueden crecer y tienden a generar ganancias para los inversores. Invierte a temprana edad y a menudo.

Saber invertir es clave para hacer crecer tu patrimonio. Hay tantas clases de activos o instrumentos de inversión, que tener un conocimiento básico de ello es esencial. Además, invertir desde joven te dará ventaja gracias al interés compuesto que requiere el factor tiempo.

077 Invertir para tu jubilación es una prioridad

La jubilación debe ser una prioridad, al igual que pagar deudas con altos intereses y tener una reserva para emergencias.

Lo primero es cambiar el *chip* que te sabotea, que te dirige a la gratificación inmediata. Esto no es fácil en un medio donde la gente está orgullosa de satisfacer sus impulsos lo más pronto posible, ya que ahorrar para la jubilación parece ser lo opuesto a disfrutar el presente. No dejes que este espejismo te engañe.

Muchas personas no han invertido porque lo consideran demasiado arriesgado. Lo que realmente es arriesgado es gastar el dinero en satisfacer tus deseos y no pensar en que en algún momento del futuro serás un anciano y deberás jubilarte.

Al ahorrar para tu jubilación estarás trabajando en uno de los cimientos de una sólida base financiera que es tu bienestar económico.

078 Entiende que tu vivienda puede o no ser una inversión

La razón por la que es importante entender esto, es que muchas personas consideran una vivienda propia como una inversión y hasta la ven como un activo con la que se puede contar para la jubilación.

Una vivienda propia, pese a que es un activo parte de tu patrimonio financiero, no necesariamente es uno que te brinda ingresos. En general, se puede pensar en dos categorías de activos: los que generan ingresos y los que son de uso. Tu vivienda es un activo de uso que implica gastos mensuales y no es un activo líquido. Al menos hasta que se venda. Hay instrumentos de inversión en bienes raíces, como REITs (*Real Investment Trust*) y hasta propiedades que te benefician de inmediato, como puede ser la compra de una propiedad como activo que genere beneficios y no un activo de uso.

Al tener esto muy claro, a pesar de que eres dueño(a) de una vivienda, no dependerás de su potencial valor futuro. Si quieres invertir en bienes raíces puedes hacerlo en otros tipos de instrumentos de inversión dentro de esa clase de activo, como ser REITs, MBS, fondos de bienes raíces y otros.

079 El invertir debería ser un elemento importante de cómo manejas tu dinero

El mercado bursátil es complejo, pero no por eso lo debes ignorar. En realidad es una de las mejores opciones para hacer crecer tu dinero en comparación con alternativas como los certificados bancarios de depósito, el oro y hasta los bonos del Tesoro.

Debes abrir una cuenta de corretaje (*brokerage* en inglés) desde la cual podrás comprar fondos indexados o acciones, por ejemplo.

Al invertir en el mercado bursátil, estás participando directamente en el crecimiento de la economía. Además, en cualquier momento puedes comprar o vender las acciones que compraste al precio vigente, o puedes mantener tus acciones a corto o largo plazo sin ninguna presión del mercado.

080 Invierte en la bolsa a través de un fondo indexado

Como vimos, el mercado bursátil es complejo pero no por esto debes evitarlo o dejarlo para después. Te recomiendo no demorar mucho, ya que en cuanto a tu dinero, el tiempo que pasa es tiempo perdido en interés compuesto (ve consejos 029 y 030).

Una manera accesible de invertir en la bolsa de valores es usando un fondo indexado. Los fondos indexados siguen un índice de referencia, por ejemplo el S&P 500 o el Nasdaq 100. Al invertir en un fondo de ese tipo, inviertes de forma pasiva en acciones de empresas que conforman el índice en particular, lo que hace que tu cartera esté diversificada. Esto será beneficioso porque te ahorrará el trabajo de invertir en acciones individuales.

Al invertir en un fondo indexado, tendrás los mismos activos sin mucho trabajo y en las mismas proporciones que el índice.

081 Invertir en bienes raíces es una manera de diversificar tus inversiones

Los bienes raíces son una clase probada de activo que normalmente proporciona una fuente estable de ingresos, además de ofrecer la preservación razonable del capital invertido.

Los bienes raíces son una opción más de inversión. Mejor no limitarte solo a esta clase de activo y considerarla como una porción más de tu cartera de inversión. Es decir, no necesitas hacer una adquisición directa de propiedades, sino invertir en opciones disponibles a través del mercado de valores, como pueden ser ETFs (fondos) especializados en bienes raíces y REITs (*Real Estate Investment Trusts*). Una adquisición directa de bienes raíces, es decir adquirir una propiedad, aunque pueda rendirte ganancias de rentas y con el tiempo se valorice, no tiene liquidez hasta que la vendas. Además, ser propietario de un bien inmueble requiere mucho capital, conlleva un alto riesgo y requiere mantenimiento.

Invertir en bienes raíces a través de un fondo especializado, expone tu cartera a bienes raíces sin tener que gastar cientos de miles de dólares y cumple con el requisito de la diversificación de inversiones.

082 Si trabajas para alguien usa y aprovecha los planes de jubilación al máximo

La jubilación es una etapa de la vida que debe ser planeada para que sea lo más plácida y agradable posible, ya que en ella no deberías tener que trabajar.

La mayoría de los empleadores ofrecen planes de ahorro y hasta igualan la cantidad que destinas a tu plan de jubilación. Estoy hablando de los planes 401K, 403b y otros parecidos. Además que los fondos destinados a ese tipo de ahorro, se aportan antes de pagar impuestos sobre ellos.

Contribuyendo a un plan de jubilación aprovechas varios beneficios que se presentan, como lo son no pagar impuestos por la cantidad destinada al ahorro hasta el día en que la retires, que te igualen el monto hasta cierto porcentaje y la misma oportunidad de construir un fondo de jubilación que te permita invertir en la bolsa de valores.

083 El invertir necesita de una estrategia y tú la debes tener

Una estrategia de inversión es un conjunto de normas, comportamientos y procedimientos diseñados para guiar la selección de activos de tu cartera de inversión, siempre en relación con un objetivo prefijado. Sin un objetivo claro, invertir es como ir a la deriva.

Verás que en este capítulo, he estado hablando de las normas que conforman la estrategia de una cartera de inversión. Así que no descartes estas sugerencias sin evaluar estos puntos con profundidad. Al tener en claro ciertos objetivos de ganancias, tus inversiones los reflejarán de forma apropiada.

TU CRÉDITO

"Lo más importante para un joven es establecer su crédito… una reputación, un carácter." John D. Rockefeller

Hay otro dicho de Oscar Wilde que dice: "Un hombre que paga sus facturas a tiempo es pronto olvidado". Yo diría que una persona que no tiene crédito no puede prosperar en esta sociedad.

El crédito juega un papel importante en nuestras vidas y en nuestra economía. Nos puede ayudar a alcanzar metas financieras, personales y profesionales que de otra forma no podríamos alcanzar. También nos puede hacer caer en un círculo vicioso de rápido endeudamiento.

Primero, veamos algunos conceptos que hay que saber sobre el puntaje crediticio. En los Estados Unidos los dos sistemas de puntaje más comunes son *FICO* y *VantageScore*. La escala que ambos usan es de 300 a 850 puntos. Ambos sistemas consideran los pagos a tiempo como el factor más importante que afecta su puntaje, seguido de la utilización de crédito (según *Bev O'Shea*, una perita en crédito al consumo en *NerdWallet*).

FICO	VantageScore
Excepcional Entre 800 y 850	**Excelente** Entre 750 y 850
Muy Bueno Entre 740 y 799	**Bueno** Entre 700 y 749
Bueno Entre 670 y 739	**Regular** Entre 650 y 699
Regular Entre 580 y 669	**Malo** Entre 550 y 649
Muy Malo Entre 300 y 579	**Muy Malo** Entre 300 y 549

Tabla traducida del sitio web "Funding Cloud Nine -
conquer your finances" https://www.fundingcloudnine.com/
understanding-improving-credit-score/fico-vs-vantagescore-ranges/

El puntaje *FICO* promedio en los Estados Unidos es de 695 y el puntaje promedio de *Vantage* es de 673[46].

Considerando todo esto, hay varios consejos que puedes seguir.

084 Construye y establece tu buen crédito

Creo que el crédito personal se debe ver como algo de valor y, algo así, se mantiene y se cuida. Solo así puedes tener uno óptimo y hasta excelente. Tu puntaje de crédito te servirá para cumplir tus metas financieras. Se realizó un estudio en línea en el que 4 de cada 10 encuestados coincidieron en que no sabían cómo se generaba su puntaje crediticio[47].

---

[46] Según Joe Resendiz un analista especializado en la industria de tarjetas de crédito y pago: disponible en https://www.valuepenguin.com/average-credit-score
[47] Yoni Blumberg, "Alrededor de 4 de cada 10 estadounidenses 'no tienen idea' de cómo se determina su puntaje de crédito" (*en inglés*), *CNBC*, (4 enero, 2019):

El buen crédito (una calificación óptima) se construye cuidadosamente y de forma regular al pagar a tiempo todas tus facturas, tus deudas y saldos en tarjetas de crédito. También tus pagos de servicios públicos y teléfonos celulares.

Además, tu buena calificación incluso te ayudará a cerrar crédito no utilizado si abres nuevas cuentas. Todo esto lo puedes automatizar. Al tener estos pagos al día subirás tu puntaje y lograrás, paso a paso, moverte al nivel más alto de calificación crediticia.

Si te sorprendes con esto, toma nota mientras continúo...

085 Usa la tarjeta de crédito con cautela

Las tarjetas de crédito son útiles para administrar ciertas compras y te ayudan a establecer tu crédito y hasta ofrecen otros beneficios, pero también pueden ser la forma más fácil y rápida de adquirir deudas.

Opta por la mejor tarjeta de crédito para ti. Esa será la que tenga la tasa de interés más baja posible, los cobros y cargos más bajos o sin cobros (ya sean cobros anuales y por transacciones en el extranjero), una cantidad razonable de límite de crédito y que ofrezca recompensas y bonos que puedas usar. Una vez que tengas una tarjeta de crédito así de atractiva, paga el saldo en su totalidad y no solo el mínimo. También, trata de que el uso de tu crédito no sea mayor al 30% del que tienes disponible[48].

---

disponible en https://www.cnbc.com/2019/01/04/about-4-in-10-americans-have-no-idea-how-credit-scores-are-determined.html.

[48] La calificadora crediticia *Experian* considera la porción de utilización de crédito como un factor muy importante en sus modelos de calificación: disponible en https://www.experian.com/blogs/ask-experian/credit-education/score-basics/credit-utilization-rate/

Manejar de forma eficiente tu crédito y mantener una tarjeta a través del tiempo te ayudará a tener una calificación crediticia alta. Incluso la longevidad de tu tarjeta es un componente importante de tu historial crediticio[49].

086 Usa la tecnología disponible que registra tu información crediticia y mantente al tanto de esta

Tu historia crediticia está disponible en plataformas que monitorean la información que agencias de crédito producen y tú puedes acceder también. Después de todo, es tu información.

La manera más fácil de mantenerte al tanto de tu información crediticia es a través de una plataforma de confianza. En los Estados Unidos hay varias y muy confiables: *Credit Sesame, Credit Karma, Mint: Money Manager, Budget and Personal Finance, Credit.com, Experian, TransUnion, Credit Wise* y muchos bancos brindan resúmenes de ésta.

Lo mejor de todo es que casi todas las plataformas que reportan esta información proveen datos útiles para mejorar tu calificación, ¿Es negocio ayudarte? Sí. Promueven instrumentos financieros para que lo hagas. No lo hacen porque quieran tu bienestar necesariamente, pero te muestran cómo mejorar tu crédito. Mientras ellos ganan por los anuncios publicitarios, tú puedes usar la información que proveen. Es más, puedes pedir un informe crediticio gratis una vez al año de acuerdo a la ley federal. No pases de alto esta oportunidad.

Una vez que conoces tu calificación, ya tienes un punto de partida para hacer que mejore. Eso depende de ti.

---

[49] Ver 42.

087 Haz que tu calificación crediticia trabaje a tu favor

El crédito es un pasivo y todo pasivo resta de tu patrimonio.

Tu crédito personal cuando está bajo control se convierte en una herramienta útil para tus planes financieros y hasta te dará algunas conveniencias y beneficios. Claro que también es una herramienta de doble filo que no te ayudará si pierdes su control, es decir cuando el uso de tu crédito es alto o va en aumento.

Tu calificación crediticia y por ende tu nivel de crédito, tiende a afectar todos los aspectos financieros de tu vida ya que los tipos de interés se basan en ésta. Como por ejemplo, el lugar donde vives por las tasas de interés en hipotecas o los préstamos para automóviles. Además que estos requieren una buena calificación y, en los últimos tiempos, hasta verificaciones de crédito para conseguir un buen empleo. Casi se podría decir que en los Estados Unidos se necesita buen crédito para vivir cómodamente.

El puntaje promedio de calificación crediticia de los consumidores estadounidenses es de 698 según los datos de febrero de 2021 de la calificadora *VantageScore®* (el rango de calificación está entre 300 y 850). Hay dos modelos de calificación más comunes, *FICO* y *VantageScore*. Si revisas la tabla al principio de este capítulo, verás que un buen puntaje de crédito es de más de 670 a 739 en el rango de *FICO® Score*, mientras que un puntaje de crédito de 661 a 780 es bueno en el rango de *VantageScore®*[50]. Típicamente, un puntaje menor de 580 es considerado malo.

Conocer tu puntaje crediticio y manejarlo con la intención de mantenerlo alto y en forma eficiente puede beneficiarte por las

---

[50] Buen puntaje crediticio según *Experian: disponible en* https://www.experian.com/blogs/ask-experian/credit-education/score-basics/what-is-a-good-credit-score/

recompensas o puntos que ofrecen. Lo más importante es que este puntaje se irá reflejando en el tipo de interés que pagues en todas tus deudas. A más alta calificación crediticia, menor será el nivel de intereses que pagarás en todas tus deudas.

088 Revisa tu historial crediticio de forma periódica

Tu calificación crediticia es un reflejo de tu salud financiera. Estar al tanto de esta información se convierte en tu primera línea de defensa contra el robo de identidad y los cambios en tu acceso a un buen crédito.

Cuanto antes detectes un robo de identidad, será más probable que evites daños importantes y podrás prever algo que puede tardar años en resolverse.

Lo mejor de todo será tener información que te ayude a mantener un buen puntaje crediticio y acceder a crédito con un menor interés.

EDUCACIÓN DE LOS PEQUES

"La inversión en conocimiento paga el mejor interés".
Benjamin Franklin

Crecí aprendiendo que una prioridad importante es la educación. Lo decían mis abuelos y siempre apoyaban cualquier cosa que tuviera que ver con educarse. Ya siendo tío y después padre, le di prioridad a la educación de los pequeños (peques), los niños en mi familia, sobrinas e hijo.

Creo que la mayoría de la gente cree lo mismo en esta sociedad moderna, ya que sabe cómo la educación no solo te abre oportunidades, sino que es una inversión para el futuro. Sobre todo la educación superior, como la universidad, que en los Estados Unidos es excesivamente costosa. Según el *College Board*[51], una organización que administra pruebas de admisión universitarias en los Estados Unidos y recientemente para universidades latinoamericanas, muestra cómo el costo promedio de universidad para el año escolar 2017-2018 fue de $20.770 en universidades públicas (estatales) y $46.950 en universidades privadas. Estos datos incluyen la matrícula, cuotas, vivienda y comida. Cada

---

[51] *College Board* incluye las grandes universidades de los Estados Unidos, incluyendo Puerto Rico, así como de América Latina. Administra exámenes de aptitud académica con los que sirve a las instituciones educativas para poder seleccionar a los alumnos que hayan obtenido los mejores resultados en dichas pruebas. Disponible en https://padres.collegeboard.org/

año, estos costos universitarios seguirán aumentando considerando la inflación.

¿Cómo puede una familia latina promedio pagar esas cantidades? En 2020, el ingreso medio de un hogar hispano era de aproximadamente $55.000[52].

Sin embargo, la formación financiera puede empezar lo más pronto posible. Hay algunas ideas que te pueden servir dependiendo de la edad de los niños. Cuanto menores sean, más podrás ayudarles a educarse considerando el tiempo que tienen antes de tener edad universitaria o para seguir una carrera técnica.

089 Examina tu comportamiento frente a niños cuando se trata de dinero

Tus comportamientos y tus acciones son lo que los niños en tu vida. tus hijos o hijas, sobrinos o sobrinas, etc., ven como ejemplo. La mayoría de los niños no necesariamente aprenderán lo que predicas, sino que seguirán el ejemplo que les muestras. Los niños nacen con la habilidad de imitar lo que ven en su entorno.

Si tu(s) niño(s) ve que siempre compras el último dispositivo de tecnología usando tu tarjeta de crédito en lugar de ahorrar durante varias semanas o si ve que sigues a tu impulso y gastas sin considerar si debes o no, aprenderá a actuar como si el dinero creciera en los árboles. Mejor siempre trata el tema de gastar dinero en casa antes de actuar y que los niños sean parte de esas decisiones del uso de dinero.

---

[52] "Ingreso medio de los hogares privados hispanos en los Estados Unidos de 1990 a 2020," (*en inglés*), (2020): disponible en https://www.statista.com/ statistics/203301/median-income-of-hispanic-households-in-the-us/

Les estarás enseñando con tus acciones que el dinero se controla y que los impulsos no te controlan a ti.

Al tener en cuenta tus actitudes y acciones sobre el dinero, actuarás con más control y les darás a tus hijos e hijas una ventaja financiera porque lo más probable es que no les enseñen sobre esto en la escuela. Comienza a tener estas conversaciones con ellos, desde hoy.

090 No dejes de apoyar a los pequeños en pro de su educación

En las palabras de Solomon Ortiz "La educación es el arma más poderosa que puedes usar para cambiar el mundo." Si crees en esto, ¿por qué no apoyar y tomar acción en lo que respecta para elevar a los pequeños que están en nuestras vidas?

Todo parte de cómo actúes tú con respecto a esto. Tu actitud sobre el aprendizaje y sobre valorar la educación se permea en el pensar de tus hijos y otros niños cercanos a ti. No te estoy diciendo nada que no sabes, pero tratar el tema *dinero* y el tema *valor de la educación* en casa cambia la manera de ver que los niños puedan tener. Si tú llevas a tus retoños al cine por qué no también llevarlos al banco o a instituciones financieras con las que tratas. Ellos tienen que ser parte de ello. Desafortunadamente, solo una quinta parte de los padres y madres conoce de planes de inversión y ahorro para la universidad (por ejemplo, el Plan 529). Es coherente pensar que si no saben de la existencia de estos vehículos, con razón pocos los usan.

Algunas personas incluso les enseñan a sus hijos desde los tres años sobre la planificación y los conceptos básicos[53]. Un niño nunca

---

[53] "Hablando con los niños sobre el ahorro" (*en inglés*) (Waterford: Aspen Publishers, Inc, 2015). Print.

es demasiado pequeño para aprender buenos hábitos. Al incluir el tema de educación y su costo en tus conversaciones de familia, indirectamente estás empezando a explorar opciones y desarrollando una actitud.

091 Abre una cuenta corriente o de ahorro para tu(s) hijo(as)

Un niño que crece viendo y oyendo que es lo más normal usar el sistema bancario, se sentirá cómodo usándolo.

Los bancos ofrecen un tipo de cuenta de custodia para menores de edad. Tú administras la cuenta que establecerás para el beneficio del menor de edad y serás el tutor legal o de custodia de ella.

Con el tiempo, tus hijos entenderán que tomaste la iniciativa de iniciar su viaje financiero con ellos y verán esto como un buen hábito que podrían modelar en el futuro.

092 Conforme vayas aprendiendo sobre tus finanzas personales comparte estos conocimientos con tus hijo(as)

Cuando tienes que enseñar, aprendes. Es una simple verdad.

Hay conceptos básicos sobre ganancias y pérdidas, sobre riesgo y oportunidad, sobre acciones y bonos de los que puedes hablar y resultan tan valiosos como el dinero. Por ejemplo si inviertes en fondos o acciones, puedes explicar a tus hijos por qué elegiste invertir en esos fondos o empresas. Haz que tus hijos se unan y estén atentos al precio de las acciones y las noticias económico-financieras.

Al enseñar a tus hijos lo que aprendes sobre finanzas, invertir y demás puedes crear hábitos positivos a largo plazo en ellos y harás que sean financieramente aptos para el futuro que les viene.

093 Nunca es demasiado pronto para comenzar a ahorrar para la universidad

Lo último que necesitan los niños son más cosas. ¿No es mejor una reserva financiera para costear sus estudios?

A lo largo de este libro has escuchado sobre la importancia de comenzar ahora y comenzar temprano una y otra vez. Vale la pena recordarlo de nuevo. Empieza a poner una cantidad, aunque sea modesta, en una cuenta de ahorro o mejor una cuenta de inversión para el estudio de tus hijos. Hay muchas opciones para hacer esto, como ser las cuentas de tipo *Section 529* o cuentas para menores bajo la Ley de Transferencias Uniformes a Menores (UTMA por sus siglas en Inglés de *Uniform Transfers to Minors Act*). *Forbes* recomienda el plan 529 porque "si se comienza a ahorrar al nacer, alrededor de un tercio de los ahorros provendrán de las ganancias[54]." ¡Un tercio! Imagina eso. Empieza temprano. Además estos tipos de cuentas para tus hijos son pre impuestos o diferidos del Estado.

Al depositar en una cuenta así que incremente su capital por sus intereses y/o se reinviertan los dividendos, esta podrá crecer y con esto les estarás brindando a tus pequeños un fondo para su educación futura.

---

[54] Mark Kantrowitz, "¿Cuál es la mejor manera de ahorrar para la universidad? 529 Plans" (*en inglés*), *Forbes*, 6 (dic. 2020): disponible en https://www.forbes.com/sites/markkantrowitz/2020/12/16/the-best-way-to-save-for-college/?sh=3e9ccd634fb2

UNA VISIÓN DE LARGO PLAZO Y UN PLAN DE ACCIÓN

Quisiera pensar que mucho de lo que hasta aquí se trató te ha servido. Ahora, solo faltan dos cosas: tener una visión a largo plazo y realizar algo al respecto, es decir, tomar acción.

Por lo primero, la visión a largo plazo parece escasear hoy en día. Más bien las perspectivas a corto plazo abundan y estas nos llevan a decisiones diarias muchas veces sacrificando lo que viene a largo plazo. Nada, y menos el dinero, se multiplica a corto plazo.

Por otra parte, estarás de acuerdo en que los problemas de dinero no desaparecen solos. Se debe lidiar con ellos o de lo contrario seguirán estando ahí siempre. Tampoco es solo una cuestión de fijarse metas. Eso no es suficiente. Las metas son pura fantasía si no hay un plan específico para lograrlas, es decir, la palabra meta siempre debería ir acompañada de las palabras plan y acción. Ahora, ¿qué plan tienes? ¿Tener más dinero? ¿Más dinero?

La persona que busca solo hacer las cosas por dinero y aumentar su cantidad, llega al punto donde no es tan eficiente, porque no se necesita tanto para ser feliz. Dependiendo de qué intención y metas tengas, hay algo que debes tomar en cuenta para lograr el bienestar financiero: necesitas un plan. Una hoja de ruta. Piensa en esto a largo plazo y vuelve a evaluar lo que valoras al menos cada año.

094 Formula una hoja de ruta, un plan de acción

Un plan es una hoja de ruta a seguir. Nadie llega a un lugar nuevo sin usar su GPS, su mapa, su hoja de ruta.

"Lo primero es lo primero", decía mi abuela. Ella se refería a prioridades. Al primer paso. Creo que en este caso la prioridad es el compromiso. Haz un compromiso con la meta de cambiar tu destino financiero. ¿Por dónde empiezas? ¿Por salir de deudas? ¿Por mejorar tus ganancias? ¿Por aumentar tu patrimonio? De estas preguntas, la primera que sugiero resuelvas, es la de tu patrimonio. Mejorar tu patrimonio puede ser tu meta para fin de este año o de aquí al tiempo que tú determines. Revisa el consejo 021 (como calcular tu patrimonio neto).

Al tener esta meta, tendrás un enfoque. Ese enfoque en mejorar tu nivel de patrimonio te da un rumbo a seguir y hasta se te hace más fácil decidir por dónde empezar. Saber cuál es tu patrimonio actual te dirá cuál es tu punto de partida. Sabrás dónde no quieres quedarte, pero realmente es solo el punto de partida para avanzar.

095 Considera tener un segundo trabajo y hasta convertirte en un emprendedor

Cuando consideras cómo generar más ingresos, la idea es diversificar tus fuentes. Una de las maneras de lograr otros ingresos es siendo un emprendedor y desarrollando tu propio negocio.

Llegará el día en que tus inversiones te brinden ingresos. Mientras puedes desarrollar una fuente de ingresos adicionales que te ayudará a pagar deudas, ahorrar dinero y por supuesto invertir. Además, un negocio propio puede tener ventajas fiscales, donde los gastos del negocio puedan ser desgravables de impuestos.

096 Agenda un chequeo anual de tus finanzas (como mínimo)

Hacer un chequeo anual de tus finanzas te ayudará a evitar la toma de decisiones precipitadas e irracionales, además de dejarte ver el progreso que vas haciendo y los cambios que necesitas hacer. Esto es como la cita anual que haces con tu dentista. Haz esto como parte de tus actividades de fin de año. Típicamente esa es la época ideal porque es un período tranquilo en el trabajo y en los estudios.

Revisa cómo están tus inversiones y qué debes cambiar. Puedes evaluar si ha cambiado algo en tu estilo de vida y si tu perspectiva económica afecta tu futuro financiero a largo plazo. Idealmente, te haces asesorar en los temas mas complejos.

Si eres alguien que se estresa al final del año debido a las vacaciones y la charla constante de la resolución de año nuevo que la mayoría de la gente no cumple, considera tus finanzas durante la limpieza de primavera. Míralo como un nuevo comienzo y la oportunidad de arrancar metas nuevas.

097 Establece un testamento

Si tienes un patrimonio neto positivo significativo, necesitas un testamento[55]. Aunque seas soltero y no tengas descendientes.

Según muchas leyes estatales, el estado determinará quién hereda tus activos y bienes. Dudo mucho que tú quieras eso. Este es un tema muy personal por el cual tú como persona capaz debes ser quién dispone de tus bienes y derechos para después de tu fallecimiento o si llegases a tener una discapacidad. Haz una lista de tus activos y determina cómo quieres que se disponga de ellos en caso de tu muerte. Sé lo más específico posible de cómo dispones de tus activos, selecciona a tus herederos o nombra guardianes legales para tus hijos si son menores de edad. Busca la asesoría legal adecuada. Su trámite no debe postergarse.

El tener un testamento, puede brindar tranquilidad a una familia.

098 Comprométete a tener objetivos financieros

Se carece de objetivos cuando no se tiene compromiso con lo que se quiere lograr.

Qué mejor forma que escribir el objetivo patrimonial que deseamos ahorrar o lograr. Es fundamental si deseas ahorrar dinero, escribir los números en una hoja de papel[56]. Esto no pretende insultar tu

---

[55] Un testamento es un documento legal que deberás firmar frente a testigos mayores de edad (18 años o más) que te permite disponer quién heredará tu patrimonio después de tu fallecimiento.

[56] Un estudio realizado en Japón mostró el poder de escribir cosas y como es más probable que lo recuerde y mejore su memoria a largo plazo: disponible en https://www.sciencedaily.com/releases/2021/03/210319080820.htm

inteligencia. Todos pueden hacer cálculos mentales en su cabeza sobre lo que podrían permitirse ahorrar cada mes, sin embargo, es muy fácil olvidar ciertos gastos cuando solo estás pensando en ello. Es mucho menos probable que realmente te comprometas con un presupuesto diferente a menos que escribas un plan que realmente funcione.

Comprender por qué estás ahorrando dinero es fundamental para mantener tu motivación. Puedes estar ahorrando para el pago inicial de una casa o automóvil, la matrícula universitaria de tus hijos o las vacaciones de tus sueños. De cualquier manera, tener el objetivo final en mente puede aliviar el dolor de renunciar a los placeres a corto plazo para ahorrar. Por ejemplo, si estás ahorrando para el pago inicial de una casa, puede llevar bastante tiempo, dependiendo de cuánto puedes reservar cada mes. Puedes comenzar a sentirte desencantado o desencantada con la idea después de unos meses (o años). Si te encuentras en tal situación, revisa tu razón para ahorrar para una casa.

099 Manifiesta tu generosidad y haz donativos

Hacer donativos a organizaciones benéficas hace más que solo ayudar a tu causa favorita, también te puede brindar muchos beneficios personales[57]. Además, al hacer esto puedes apoyar causas en las que quizás no puedes aportar con tus propias manos.

Primero elige una causa que te importe y asegúrate de que la organización sea legítima. Puedes ver que sus programas hayan sido evaluados por terceros y verificar sus afiliaciones. Hay muchas organizaciones benéficas que necesitan recaudar dinero para

---

[57] Un estudio realizado por *Harvard Business Review* en 2008 descubrió que donar o dar dinero a otra persona aumentaba la felicidad de las personas: disponible en <u>https://greatergood.berkeley.edu/article/item/5_ways_giving_is_good_for_you</u>.

lograr sus objetivos. Por ejemplo, hay organizaciones benéficas educativas que ayudan a estudiantes menos favorecidos con becas u organizaciones médicas que buscan ayudar a las personas que viven con enfermedades o discapacidades y tantas más. Seguro existe una organización benéfica que auspicie algo que te apasione.

Al hacer donativos monetarios o dar tu valioso tiempo a causas que tú apoyas, no solo serás un ciudadano activo, sino también serás partícipe directo en esas causas y hasta descubrirás buenos propósitos en tu vida.

100 En lugar de comprar sustancia, créala tú

La satisfacción de lograr objetivos financieros te inspirará para avanzar hacia tus propios sueños[58]. No son imposibles de lograr.

Si sigues estas ideas y consejos podrás crear una realidad financiera sólida y positiva, sea cual sea tu realidad actual. Tus sueños quizás hoy se vean muy remotos, pero si reorganizas tus recursos, te encaminarás hacia una ruta de bienestar financiero. Con esta perspectiva será más fácil que ahorres para el pago inicial de una casa o un automóvil, o los costos universitarios de tus hijos o unas vacaciones, todos estos son parte de tus sueños. Hay varios objetivos como inversiones diversificadas o fondos de jubilación que puedes establecer para que trabajen de forma automática y prácticamente sin esfuerzo continuo.

Al dedicarle un tiempo regular a tus finanzas de forma consistente, verás que tu patrimonio neto crecerá y eso no solo te puede dar paz mental, sino que también te permitirá lograr tus objetivos y

---

[58] Un estudio encontró una correlación positiva entre el establecimiento de metas y el bienestar. Latham, Gary & Locke, Edwin. (2007). *New Developments in and Directions for Goal-Setting Research*. European Psychologist - EUR PSYCHOL. 12. 290-300. 10.1027/1016-9040.12.4.290.

no tendrás que renunciar a ellos. Aunque aún queda mucho por aprender, en este libro tienes las ideas que te ayudarán a programar una dirección financiera planificada de acuerdo a tus propósitos futuros ¡Aprovéchalos!

Creo que aplicando algunos de estos 100 consejos estarás dando los primeros pasos para ir por algo mejor.

EPÍLOGO

Lograr control de tu dinero consiste en entender tu relación con él y en aplicar ciertos conceptos básicos. Estos valen la pena, aunque te advierto que lograr el control de tu capital no te dará felicidad. Solo hay una persona que puede decidir qué es lo que te hará feliz y ese eres tú mismo.

Las claves o preceptos financieros que se dan en este libro son realmente solo las líneas que marcan el camino a una independencia. Ignorar estas claves significa que no estás tomando una ruta que te lleve a una dirección financiera segura en tu vida. Tú, si continúas sin un plan de contingencia económica, serás como ese conductor que se lanza a la cuneta, que sale del camino que no está pavimentado o que continúa sin un rumbo claro por la vía rápida. Este mal hábito de transitar la vida sin un programa que cuide tu salud física, psíquica e inclusive económica, te puede llevar a la ruina, no solo financiera, sino también la de tus relaciones. Solo tú puedes decidir a dónde va el camino de tus finanzas ya que tú fijas tus metas financieras para la fase de la vida en la que estés. De esta forma podrás encaminarte hacia una prosperidad económica paso a paso sin tener que pensarlo todo el tiempo.

Luego de leer este libro es inevitable que te preguntes si tomarse el tiempo para hacer cambios en tu vida financiera aplicando estas claves y consejos realmente valga la pena. Después de todo son varios contenidos y si eres como el 80% de mis encuestados, estos temas te resultarán interesantes para aplicar pero con dudas para concretarlos. El problema es que si nunca sales de ese lugar de comodidad y te decides a actuar te costará romper con esas costumbres y estarás siempre en las mismas circunstancias. Fuera del camino. No saldrás nunca de ese círculo vicioso de la procastinación. Si estás postergando tomar estos pasos de acción o dices que "no te importa" mejorar tu relación con el dinero, solo estás creando una energía de evitación y negación.

Si tu situación financiera está bajo control, esto reafirma lo que ya sabes. Pero si ese no es el caso, considera que aprendiste de todo en la escuela primaria y en la escuela media y secundaria cómo conducir, pero nunca te enseñaron nada sobre cómo administrar tus finanzas ¿Entonces cuándo lo harás?

Tomarte el tiempo para entender tu relación con el dinero y aplicar algunas de estas claves puede realmente valer la pena. Puede ayudarte a lograr paz mental además de encaminarte a la independencia financiera.

Tú eres el conductor.
Buen viaje.

"El dinero es solo una herramienta. Te llevará a donde quieras, pero no te reemplazará como conductor." Ayn Rand